I0168834

CUANDO UN HOMBRE AMA A UNA MUJER

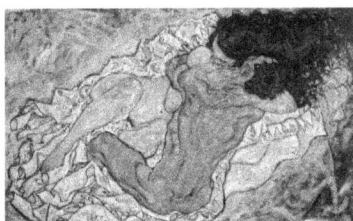

Claude M. Steiner

CUANDO UN HOMBRE AMA A UNA MUJER

Editorial Jeder
[jeder: uno cualquiera]
Sevilla – España

Título original:	WHEN A MAN LOVES A WOMAN
© *Autor:*	Claude Steiner. (1986, 2008, 2012)
© *Traducción:*	Susana Arjona Murube
© *De esta edición:*	Editorial Jeder*
© *Ilustraciones*	
· *Portada:*	Egon Schiele (1890-1918)
· *Contraportada:*	Egon Schiele (1890-1918)
· *Foto del autor:*	Jesús Laguna Gómez

Colección: Análisis Transaccional

Primera edición: 6 de enero de 2012

ISBN:	978-84-937032-7-1
Dep. Legal:	SE 4740-2012
Impresión:	Ulzama

Reservados todos los derechos. No se permite la reproducción, almacenamiento o transmisión total o parcial de este libro sin la autorización previa y por escrito del editor o el propietario del *copyright*. De conformidad con lo dispuesto en el Art. 270 del Código Penal vigente, podrán ser castigados con penas de multa y privación de libertad, quienes reprodujeren o plagiaren, en todo o en parte, una obra literaria, artística o científica fijada en cualquier tipo de soporte, sin la preceptiva autorización.

Impreso en España — *Printed in Spain*

*Editorial Jeder es una marca registrada de Gisper Andalucía, S.L.

© Gisper Andalucía, S.L.
C/ Fernando IV, 7
41011 – Sevilla – España
www.jederlibros.com

A mi hijo, Eric
A mi hermano, Miguel
A mi padre, Willy
Y por último, pero no por ello menos importante
A mí mismo y a todos mis hermanos

PRÓLOGO

Por fin, ya lo tenemos aquí. Después de algunos intentos por conocer por qué las mujeres son de Venus y los hombres de Marte, por qué ellas no saben leer mapas y ellos no saben poner lavadoras, o las diferencias entre el cerebro femenino y el cerebro masculino, llegamos a lo que realmente importa en las relaciones entre género: el corazón.

Y Claude Steiner da en el clavo. Escrito con un estilo directo, práctico y algo juguetón (como nos tiene acostumbrados en sus obras), describe las necesidades afectivas y amorosas de las mujeres con una sencillez pasmosa (teniendo en cuenta que nuestro mundo interno es complejo, reconozcámoslo) y una invitación al hombre a conocerse a sí mismo a través de la mujer. Es, sin duda, todo un ensalzamiento a la complicidad intrínseca que existe entre ambos géneros y al reconocimiento de que, por mucho que les pese reconocerlo, se completan el uno al otro.

Claude Steiner, terapeuta transaccional, como siempre no defrauda ni deja indiferente. Su admiración y respeto hacia el mundo femenino es sabido por todos los que hemos seguido su trayectoria profesional y editorial. Pero esta vez se ha superado a sí mismo y nos va a dejar con la boca abierta de sorpresa a todos los que leamos este libro: Steiner recoge a la mujer compleja y tantas veces contradictoria, no encubre sus defectos, y por lo contrario los expone como un reto para llegar a conocer, entender y compartir en pareja.

Como mujer, estoy casi convencida de que mucho hubiera cambiado el enfoque con el que Steiner «desnuda» a la mujer de haber sido escrito este libro por otra mujer. Aparte de que entre nosotras podemos ser algo crueles (chicas, hay que ser sinceras), la frustración y la exigencia hacia el amante que nos corteja salpicaría de alguna manera el tono con el que serían indicados los consejos y orientaciones propuestas. Pero el discurso de Steiner es reposado y generoso, invitando así a las parejas a que prueben y disfruten con todos los permisos que necesiten, sin el «date prisa» de la conquista ni el «sé perfecto» de la culminación del clímax. No es un libro para hombres «ganadores» en las relaciones amorosas; es un libro para hombres que quieren triunfar no sólo entendiendo a sus amantes, sino con ello también despertando y entendiendo esa parte femenina de sí mismos que todos llevan en su interior. Por tanto, más que un libro sobre las relaciones de pareja, en el fondo este es un libro de crecimiento personal.

Por otro lado, este libro llega en una etapa compleja, por no decir contradictoria, en las relaciones familiares hombre-mujer. Y digo familiares, porque si hasta ahora la lucha por la igualdad de género estaba centrada en los derechos laborales y sociales, ahora más que nunca está del todo concentrada en los derechos de familia entre padres y madres. En este punto es donde hoy se concentra la guerra de poder entre hombres y mujeres.

Actualmente se está hablando mucho del «neofeminismo» en contraposición al «feminismo clásico». Éste último llevaba a cabo una lucha de poder desde la no-colaboración con multitud de cupones cargados de resentimiento y ansias de venganza por los malos tiempos vividos en el pasado por parte de las mujeres en manos de los hombres. Las mujeres tenían en cuenta que había un centro de control único alejado de la influencia o interés de la mayoría de los hombres: la crianza de los hijos, y no estaban dispuestas a compartirlo con ellos, poniéndolo paradójicamente como excepción de la igualdad y equidad que reclamaban. O sea, iguales en el trabajo, pero en casa en cuestión de crianza, no. Este feminismo clásico tradicional se apoyaba en teorías psicoanalíticas que ensalzan el vínculo afectivo materno como superior e incomparable al paterno. En cambio, el neofeminismo parte de una actitud colaboradora en la elaboración de un contrato de pareja y parental compartiendo decisiones, derechos y deberes, tanto como pareja unida como pareja separada, siendo la coparentalidad (o crianza compartida de los hijos) el acuerdo o contrato que ejemplifica esta relación democrática entre hombres-mujeres, papás-mamás. Y está siendo un trabajo laborioso poder apaciguar la guerra entre ambos géneros en este terreno, porque un gran sector femenino no está dispuesto a reconocer al nuevo hombre en su rol familiar, ya que eso implicaría reconocer a su vez un nuevo rol de la mujer en su lugar dentro de la familia, es decir, ceder poder. ¿Puede llegar a condicionar esta tensión familiar no resuelta a la tensión amorosa hombre-mujer? Estoy convencida de que sí, en la medida en que el litigio familiar condiciona la forma de mirar (y ad-mirar) el hombre a la mujer, y viceversa, acumulando de nuevo cupones y resentimientos históricos entre los géneros. Afortunadamente, parece que está habiendo avances en el terreno legal para frenar el litigio entre ambas partes a través de las políticas de mediación familiar y leyes de custodia compartida.

Me permito pensar que en este sentido las mujeres estamos de enhorabuena. Envueltas en la polémica sobre la violencia familiar (porque al final así es como se entienden los litigios legales, como una forma de violencia dentro de la familia), un autor varón está dispuesto a dirigirse a su congéneres y ofrecerles las pautas para saber llegar al corazón y al deseo de las mujeres.

En mi experiencia como terapeuta, he observado que en parejas de más de 15 años de convivencia, generalmente con hijos, que han pasado por la etapa de compatibilizar eso de ser amantes con ser padres (etapa que algunas parejas no pueden superar), hay una demanda de las mujeres para hablar menos y tocar más. Steiner propone acariciar la mente y el alma antes que el cuerpo en los primeros encuentros de una pareja y permitir que ella se relaje y no se ponga a la defensiva ante un hombre que le envía constantes signos de querer ir a la cama con ella. Sin embargo, cuando el fantasma de la rutina y de la costumbre ronda por la casa familiar, re-educar los ojos para decirle a la pareja «Te como» es una expectativa muy extendida en muchas parejas «veteranas». En este sentido, el «Por qué ya no me hablas tanto» se confunde a veces con el «Por qué ya no me tocas tanto». Steiner está acertadísimo en el capítulo de la comunicación pre y post-coital, y más en parejas veteranas, aunque se conozcan de memoria los respectivos cuerpos.

Desde aquí hago una llamada de atención a las mujeres. Por el título de la obra, puede parecer que éste es un libro sobre todo dirigido a los hombres para saber entendernos y conquistar nuestro corazón, pero yo invito a las mujeres a que se lo lean intentando encontrarse en cada sugerencia que hace el autor, porque lo más seguro es que les ayude a entender mejor sus propias necesidades afectivas y amorosas que tantas veces no somos capaces de identificar y menos de expresar a la pareja. Steiner nos invita a que seamos asertivas y nos despojemos del miedo a «llevar» sexualmente a los hombres y que sean éstos los que nos «sigan». De esta forma también nos invita a que de una vez por todas nos despoje-mos de nuestro rol víctima-complaciente-pasiva que siempre ha caracterizado (por no decir determinado) el rol de la mujer en la pareja. Ellos pueden colmarnos, claro... ¡Y nosotras decirles cómo! Aunque ya sabemos que la sociedad se mueve muy lentamente en estos parámetros (una mujer que sexual-mente tenga la iniciativa es una lanzada, fresca, ninfómana... Y un hombre que se deja llevar es un calzonazos, encoñado, bobo... ¡La sociedad de la era de la súper-tecnología y del tiempo cuántico sigue siendo muy rancia y ñoña en cuanto a los roles sexuales!). Lo importante para una buena salud emocional y sexual son mujeres y hombres conectados a sus mentes (mensajes), corazones (emociones) e impulsos (sus vísceras, en el sentido más instintivo) que les permitan mo-verse y expresarse con libertad desde el tú-tú, sin juegos y dispuestos a acercarse y a dejarse acercar, por encima de los prejuicios sociales o del entorno. Hay hombres que acuden al psicólogo pidiendo: «Tengo un problema, a los 7 años de una relación me aburro y la dejo. Soy incapaz de comprometerme o mantener el interés por alguien de una forma más sostenida. ¿Es grave? ¿Un trauma en mi infancia? ¿Soy gay?». Y si se trata de una mujer dice: «Mis amigos dicen que soy muy complicada y que espero mucho de los hombres, por eso no puedo tener novio formal todavía. ¿Soy una neurótica?». Y algunos/as acaban medicándose para la ansiedad que les produce semejante dilema. Roles masculinos y femenino están muy señalados sexualmente hablando, y algunas personas ven en la infidelidad la oportunidad de vivir su sexualidad con más libertad.

Sin necesidad de llegar a esos extremos, consigamos conocimiento personal, entendimiento del otro y libertad para expresar nuestros deseos y reconocer los de nuestra pareja-amante. Este libro nos enseña cómo. ¡Disfrutémoslo!

Arantxa Coca
Psicopedagoga y Terapeuta

AGRADECIMIENTOS

Aunque siempre había querido escribir un libro para hombres sobre el tema del amor y el sexo, nunca me tomé ese deseo en serio hasta que Fred Jordan me sugirió que escribiera una respuesta al éxito de ventas de Alexandra Penney *Cómo hacer el amor a un hombre*. Yo había escrito una serie de ponencias y panfletos (*Cartas a un hermano* y *Feminismo para hombres*) en relación con los temas que el movimiento feminista había introducido en la vida de los hombres. Pero mi primera reacción a la idea de que yo pudiera intentar escribir tal libro fue pensar que se trataría de una empresa presuntuosa que seguro que me convertiría en objeto de crítica y desdén por parte tanto de hombres como de mujeres.

«¿Quién era yo —me preguntaba— para escribir un libro sobre semejantes temas?». Para mi sorpresa, tanto amigos como amigas y colegas de ambos sexos me animaron a seguir adelante. Después de una considerable introspección me lancé al trabajo, que debía estar terminado en un año.

Unas semanas después de haber firmado el contrato con Fred Jordan Books, Michael Morgenstern anunció la publicación de su libro *Cómo hacer el amor a una mujer*. Una vez que se había respondido a Alexandra Penney, me relajé; cinco años y diez borradores más tarde, y con la ayuda de veintenas de amigos, el proyecto está completo. Estoy muy contento de haber tenido la oportunidad de invertir mi tiempo y mis pensamientos en este libro; ha sido una experiencia tan educativa para mí como espero que lo sea para mis lectores. Cuando empecé a escribir el libro, estaba armado con una buena cantidad de nociones sobre los hombres y las mujeres, y una enorme solidaridad hacia los dilemas de las mujeres y poca compasión para los hombres. Emerjo del proyecto con una actitud muy mejorada hacia los hombres y lleno de compasión por las dificultades que encaran en la proverbial guerra de los sexos.

La investigación sobre la que se basa este libro es triple: Primero, cientos de mujeres en EEUU, Latinoamérica y Europa a las que interrogué junto con un equipo de mujeres entrevistadoras. No se trataba de recopilar esta información de una forma científicamente rigurosa, el cuestionario sólo pretendía proporcionar la visión de una variedad de mujeres y sus actitudes hacia los hombres. Debo dar las gracias a Darca Nicholson, Jude La Barre y Sandy Spiker por su ayuda con el diseño y la realización del cuestionario.

La segunda fuente de información fue la investigación llevada a cabo por otros, especialmente los estudios de Shere Hite sobre sexualidad masculina y femenina.

Finalmente, basé este libro en mi propia experiencia más la información recopilada en un periodo de veinte años de práctica como psicólogo y mediador clínico.

También debo dar las gracias a Bruce Carroll, Terry Cannon, Jo Ann Costello, Norman de Vail, Deirdre English, David Geisinger, Frances Hayward, Tom Hine, Becky Jenkins, Jaime Kanton, Charles Rappleye, Gail Rebuck, Beth Roy, Harvey Tappin, a mi hermano Miguel Steiner y a Mimi Steiner, mi hija, por su cuidadosa lectura y valiosa retroalimentación.

Gracias a Jackson Browne por sugerir el nombre de este libro y a Percy Sledge por traérnoslo en primer lugar.

Mi especial agradecimiento a Fred Jordan por sugerirme que escribiera este libro y por su incansable apoyo y valiosa retroalimentación.

Susan Pepperwood y Caryn Levin mecanografiaron y discutieron miles de páginas del primer manuscrito y Diane Benedict mecanografió e hizo valiosos comentarios a la versión final.

Mi más sincero agradecimiento a los miembros de la *Bay Area Radical Psychiatry Collective* (Colectivo de Psiquiatría Radical del Área de la Bahía), Becky Jenkins, Beth Roy, Darca Nicholson, Shelby Morgan, Sandy Spiker, Jo Ann Costello, Barbara Moulton, Jude La Barre, Diana Rabenold y Mark Weston, quienes me proporcionaron su apoyo moral, su perspicacia, su forma personal de resolver los problemas y su retroalimentación durante los últimos cinco años.

Sandy Spiker, mi asistente editorial, merece un reconocimiento especial por su contribución durante todo el proceso; el diseño del cuestionario, las entrevistas, la concienzuda edición del libro y su íntima y fiel amistad. Su implacable pero cuidadosa crítica de mi trabajo ha sido inestimable.

Gracias también a Darca Nicholson por estar conmigo durante muchos años de asociación y por añadir a Denali a mi vida. Darca fue la fuente de muchas nociones que han ido surgiendo en este libro.

Finalmente, es sumamente importante agradecer a Agustín Devós por tener el interés de revivir este libro e invertir enormes cantidades de esfuerzo editando y volviendo a editar varias versiones, correcciones y traducciones con las que tuvo que lidiar por más de un año. Y también quiero agradecer a Susana Arjona Murube su excelente traducción en colaboración con Agustín para poder presentar este libro en la lengua española.

INTRODUCCIÓN A LA PRIMERA EDICIÓN (1986)

En los últimos treinta años los usos sexuales han atravesado una gran revolución e incluso alguna contrarrevolución. El divorcio se ha convertido en algo común. Por primera vez, la gente corriente no se siente obligada a seguir atrapada en relaciones frustrantes y autodestructivas. La gente se ha cuestionado el valor del matrimonio y la monogamia, e incluso ha reconsiderado el valor de los compromisos a largo plazo y de la familia. Algunos dicen que estos cambios casi han destruido la familia y que amenazan a la fibra misma de la sociedad.

Incluso aquellos que lucharon y dieron la bienvenida a estos cambios, actualmente se encuentran confundidos e infelices en este nuevo panorama social, y no están seguros sobre cómo proceder ahora que las viejas reglas contra las que luchaban han sido abolidas hace tiempo. Parece ser que encontrar la felicidad es, cada vez más, una cuestión de suerte. Aunque encontrar la felicidad nunca fue fácil, las investigaciones sobre el divorcio muestran que hoy la búsqueda de la felicidad en el amor es más desconcertante que nunca. El viejo «manual de normas» en el que el hombre manda y la mujer obedece ha sido mayormente olvidado, y hombres y mujeres tienen que inventar nuevas formas de relacionarse, con escaso éxito según las estadísticas. Algunos prefieren sentar la cabeza en relaciones grises antes que hacer frente a las dificultades que entraña ligar en este nuevo clima social.

Se suponía que una mayor libertad e igualdad para las mujeres lo mejoraría todo; en lugar de esto, los índices de divorcio continúan subiendo, proliferan los hogares monoparentales y la gente se siente desorientada y frustrada. Las mujeres han descubierto que cuando siguen sus principios feministas y salen de sus matrimonios faltos de amor, el castigo es con frecuencia un severo descenso de sus estándares de vida. Muchas mujeres y sus hijos se han visto empujados por debajo del nivel de la pobreza al divorciarse, mientras sus maridos prosperaban.

Aun así las mujeres han recorrido un enorme camino contra toda esta adversidad. La mayoría de las mujeres ahora sabe cómo mantenerse, económica y emocionalmente, y en general, nunca volverá a ser tan dependiente de los hombres como lo fue en tiempos. Las mujeres hoy quieren y esperan ser tratadas como iguales en casa y en el trabajo. Puede que quieran tener hijos, pero pocas estarían dispuestas a ser amas de casa exclusivamente. Las mujeres hoy son más autosuficientes y temen menos el estar solas, y por tanto están mucho menos dispuestas a asentarse en una relación que no sea satisfactoria y beneficiosa.

Ya hace años que las mujeres hablan y escriben abiertamente acerca de lo que les gusta y lo que no, vis a vis con los hombres, y a pesar del frenazo antifeminista de la década de los 80, han continuado haciéndolo. Siguen planteando exigencias legítimas y concienzudas, en casa, en el trabajo y en la cama. Quieren la equiparación salarial en el trabajo, quieren altura moral e intelectual y respeto, y quieren que los hombres apoyen su independencia y poder. Estas mujeres no están interesadas en hombres que les discutan cada paso que den con idea de aferrarse a un estilo de dominación masculina pasado de moda.

¿Cómo nos afecta todo esto a los hombres? Las mujeres modernas son extremadamente desafiantes, incluso alarmantes para los hombres. Las queremos a nuestro lado, pero nos irritan sus reivindicaciones. Nos encanta su energía, pero tememos que sean dominantes. Admiramos su firmeza de carácter pero no estamos del todo seguros de que nos guste su independencia respecto a nosotros. Estar con ellas nos hace sentir hombres, pero también desafía nuestra masculinidad. No podemos vivir con ellas, pero tampoco podemos vivir sin ellas.

Los hombres también hemos cambiado. Hemos cambiado como respuesta a los cambios de las mujeres, pero también por iniciativa propia. A medida que las mujeres reclamaban independencia las seguimos con regocijo eludiendo el compromiso con la esposa y familia tradicionales, y optando por la enormemente atractiva vida de soltero. Renunciamos al hogar familiar y al monovolumen, y fuimos a por el pisito de soltero y el *Porsche*. En lugar de ahorrar nuestro dinero para la educación de los hijos, cargamos en la tarjeta de crédito nuestros inviernos de esquí y nuestras vacaciones tropicales. Y aun así, después de haber experimentado nuestra propia liberación de la vida doméstica, la mayoría hemos acabado dándonos cuenta de que preferiríamos una vida armoniosa en un hogar seguro, lleno de hijos y amigos y con la mujer que amamos, a ser eternos solteros, siempre que esto no convierta nuestra vida en una trampa mortal de terciopelo.

De hecho hemos vuelto a una posición familiar, pero nos encontramos en un escalón superior. Nuestro interés por formar parejas permanece. Emparejarse es una fuente de seguridad, poder, comodidad, placer y amor. Pero las parejas han cambiado. En el pasado, las parejas con frecuencia estaban compuestas por dos personas que devenían una, contribuyendo cada una con una mitad propia; él, el cerebro y los ingresos, ella el corazón y los cuidados. Hoy las parejas se están convirtiendo en una asociación llena de respeto mutuo, son pares afectuosos que trabajan codo con codo para hacer frente a las dificultades de la vida y para disfrutar de sus recompensas. En estas relaciones puede darse rienda suelta a la sexualidad. Entre estas parejas se espera que el amor vinculante y el compromiso sean mutuos.

Para los hombres el matrimonio ha sido tradicionalmente una decisión aterradora. Muchos novios han sido arrastrados hasta el altar por sus padrinos o llevados a punta de pistola.

A veces hemos contemplado el compromiso con una mujer como una cadena perpetua a trabajos forzados, y en algunos casos este temor se ha hecho realidad. Pero la mujer moderna ya no quiere un hombre esclavizado, como tampoco quiere uno que se convierta en su señor. Quiere un compañero, y en realidad esta es una propuesta nueva y deseable para el hombre. Bajo estas nuevas circunstancias los compromisos pueden ser totalmente diferentes a lo que eran hace veinte años. Las cargas —tanto en casa como en el trabajo— se comparten; y las recompensas de la relación, sus placeres, libertades y beneficios económicos también se comparten equitativamente. El compromiso con una mujer moderna empieza a parecer un negocio ventajoso.

Sin embargo, lo que no está del todo claro es qué lectura debe tener el nuevo contrato social entre hombres y mujeres. Quedan muchos problemas. Los hombres pueden haber renunciado a sus antiguos roles, pero no están seguros de lo que se supone que deben ser los nuevos. Toda esta liberación e igualdad nos ha creado nuevas expectativas y nuevas cargas. En la eterna guerra de los sexos, muchos hombres sienten que han perdido la gran batalla; se sienten martirizados y explotados por unos cambios que parecen estar fuera de control.

Hoy día, cuando un hombre ama a una mujer, puede no tener ni idea de cómo proceder de forma auto-respetuosa y digna. Este libro está pensado para los hombres que quieren sentirse a gusto siendo amigos y amantes de las mujeres que haya en su vida; para los hombres que quieren relaciones duraderas y seguras, y aún así sexualmente plenas y excitantes; y más importante, para hombres que quieren ser amantes, sexys y, me atrevería a decir, dulces. Este libro os dirá lo que las mujeres de hoy quieren de sus amigos, amantes y parejas, y cómo un hombre puede convertirse en aquel que la mujer actual aprecia y busca.

INTRODUCCIÓN A ESTA NUEVA EDICIÓN (2012)

Como dicen los franceses, «*Plus ça change plus la même chose*». Escribí la primera versión de este libro hace casi treinta años, cuando en los Estados Unidos estábamos aún recuperándonos del impacto de las revoluciones culturales de los sesenta. Habíamos sido testigos de una veintena de movimientos de liberación, el Poder Negro (*Black Power*), orgullo gay, los mayores al poder, el movimiento de la libertad de expresión, la liga de la liberación sexual o la psiquiatría radical, todos alimentados por el movimiento de oposición a la guerra de Vietnam. La ola feminista de este siglo estaba íntimamente conectada con todas estas rebeliones contra el statu-quo. El área de San Francisco-Berkeley, donde he residido desde mi juventud adulta, fue la cuna de muchos de estos movimientos y el feminismo tuvo aquí —como en el resto del país— un poderoso papel que propició grandes cambios sociales y culturales.

Estos movimientos consiguieron grandes reformas, y durante algunos años hubo un sentimiento de triunfo entre los negros, los *gays*, las mujeres, los pacientes de enfermedades mentales y aquellos que se dedicaban a su tratamiento; entre aquéllos que querían el cambio. En la década de los ochenta, comenzamos a ver el contragolpe previsible a los triunfos (y ocasionales excesos) de estos movimientos de liberación. Hoy, la lucha por la liberación en los EEUU se centra en los derechos de los gays y en el racismo. Y mientras los derechos de las mujeres continúan avanzando, el feminismo (como término) ha sido estigmatizado entre muchos hombres y mujeres.

Afortunadamente para toda la humanidad, el otorgamiento de poder a las mujeres continúa, y de hecho no se puede parar o relegar. Salvo para los más conservadores, el feminismo y la revolución sexual han cambiado para siempre la naturaleza de las relaciones entre hombres y mujeres. Esta transformación ha sido tan rigurosa y se ha convertido en algo tan común, que en gran medida, los jóvenes de hoy no son conscientes de los cambios tan profundos de los que son beneficiarios.

Cuando un hombre ama a una mujer fue escrito para mostrar cómo el feminismo podía hacer las relaciones heterosexuales más polémicas y confusas, o bien más emocionantes y gratificantes, dependiendo de cómo reaccionara el hombre. Yo sostenía que el feminismo revitalizaría las relaciones íntimas de aquellos hombres que comprendieran cómo responder al mismo de forma fructífera.

Al releer la primera edición del libro encontré un buen número de defectos casi fatídicos. Mientras que en general, el mensaje era correcto, el libro estaba pobremente editado, recargado y verboso en algunos pasajes, y superficial y desencaminado en otros. Necesitaba ser reescrito en gran medida y puesto al día. Hoy, estoy reexaminando los temas que exploré en ese libro y reflexionando sobre las realidades más complejas del nuevo siglo.

El feminismo ha cambiado las relaciones entre hombres y mujeres de una manera profunda y permanente, y aún así, la cuestión fundamental es la misma: ¿Cómo puede un buen hombre crear y mantener una relación profunda, llena de contenido y cariño, con una mujer emancipada?

1. ¿QUÉ LES GUSTA A LAS MUJERES DE LOS HOMBRES?

Durante los últimos años, aquello que es admirable y agradable en los hombres ha sido ocultado por una intensa crítica proveniente de las nuevas percepciones y expectativas de las mujeres. Por tanto, para empezar con buen pie, he decidido averiguar lo que a las mujeres les gusta de nosotros.

Con la ayuda de varios colegas pregunté a cientos de mujeres «¿Qué te gusta de los hombres?»:

- «Hay una cierta forma de conducirse, de ser abierto, de sentirse relajado y cómodo, que me atrae en un hombre, incluso si no es guapo. Es una energía, una actitud positiva. No presuntuoso o *macho*, sino cómodo consigo mismo», dice una mujer en la treintena, secretaria legal de una gran empresa.

- «Sé que muchos hombres piensan que es correcto ser muy autocríticos y sentirse culpables por ser hombres, pero a mí eso me produce rechazo», dice Patty, de 29 años, trabajadora social de salud femenina.

- «Me gustan los hombres que están dispuestos a que se les cuestione sobre su sexismo. Pero no me gustan los hombres que llevan un halo de sentimiento de culpabilidad masculina. Esto fastidia por completo mis sentimientos sexuales», era la opinión de Dahlia. Dahlia tiene unos cuarenta años, recientemente divorciada.

- «Me gustan sus cuerpos», dice otra mujer. «Me gusta su robustez, su solidez, su delgadez y dureza. También me gustan los hombres que aprecian su propio cuerpo. Por eso encuentro atractivos a los *gays*. Les va la belleza del cuerpo masculino y aman el suyo. A veces los *gays* se mueven con mucho garbo. Un cuerpo masculino garbo-so es bello».

- «Me gusta mucho el olor de los hombres. Con algunos hombres ha sido la cosa más atractiva, lo más adictivo. Cómo empieza a oler cuando estamos haciendo el amor. No quería que se fuera y se llevara su olor consigo», dice Peggy, de 36 años, panadera en una panadería local.
- «Me encantan los antebrazos, brazos y hombros de los hombres. Encuentro sus músculos, sus venas y sus manos efectivas y poderosas, increíblemente sexys. Miro los antebrazos de un hombre y su forma me excita. Tengo que mirar hacia otro lado», dice Denise, exitosa periodista por cuenta propia.
- «Me gusta el pene de los hombres. Es una combinación fantástica de fuerza y vulnerabilidad. Me gusta acunar los testículos y el pene del hombre cuando está blando. El pene es un artilugio fascinante, cómo se pone duro en tus manos», dice María.

Muchas mujeres respondieron de forma similar. Les gustaba la complexión musculosa de los hombres, su fuerte tren superior, la densidad y firmeza de la carne masculina, el vello corporal de los hombres, el bigote y la calvicie, sus genitales, el timbre de sus voces y su olor.

A otras mujeres les gustaba la mente de los hombres, có-mo piensan. Por ejemplo, Janet, enfermera de psiquiatría de 23 años, dice:

Me gusta la forma en que comprenden las máquinas y cómo saben arreglar cosas. Me gusta cómo se aproximan a los pro-blemas de forma mecánica y sistemática, usando la lógica y la mente como herramientas.

Otra mujer dijo:

Los hombres son buenos para hacerte escapar. "Venga, ponte el abrigo, ¡vámonos!". Las mujeres se sientan a reconcomerse. Me gusta la habilidad de los hombres para desvincularse, cuan-do al mismo tiempo pueden ser muy cercanos.

Tina, madre de dos niños pequeños decía:

En los hombres me gustan las cosas que a mí, por ser mujer, se me ha impedido que tuviera. Me gusta su capacidad de mantener la calma; me gusta el nervio que pueden tener, que puedan ser activos, intensos, bromistas, agresivos. Me gustan esas cosas porque son cosas que yo no tengo. Sé que yo también podría ser todas esas cosas, pero mi educación me alejó de ellas. Así que me gusta obtenerlas de los hombres.

—¿Qué te gusta de los hombres? —le pregunté a Sandy, carpintera de treinta y pocos.

—Me gusta trabajar con ellos, se centran en terminar el trabajo —dijo sin dudarlo.

—Eso parece una actitud sexista. ¿A qué te refieres?

—Están más orientados a los objetivos. Las mujeres tienden a tener sentimientos en los momentos inapropiados. Me gusta poder planificar que un hombre que trabaje para mí haga algo para una fecha concreta, y que lo haga. Con una mujer me expongo a tener que entrar en una discusión sobre sentimientos. Con las mujeres a menudo me encuentro con la insidiosa psicología de cómo fueron educadas, cómo las trataba su padre. Encuentro que las mujeres tienen «botones»: puedo pedirle a una mujer que me pase el martillo y puede que eso sea suficiente para desencadenar en ella un sentimiento desorganizador. Los hombres pueden recibir órdenes y hacer las cosas de modo eficiente.

—Los hombres son tan importantes —me aseguraba Pilar, mexicana de 32 años, profesora de biología en un Instituto.

—¿En qué sentido? —pregunté.

—No como jefes o soldados, sino como hombres, porque son hombres, y al serlo tienen una función importante en el esquema de las cosas.

• «Me gustan su tradicional valentía y preocupación por la gente, su sentido de la responsabilidad. Los hombres tienen mucho de lo que enorgullecerse en su historia. Ha habido muchos hombres heroicos que han entregado su vida por cosas importantes. Admiro eso», contesta Ricky, de 48 años.

- «¿Que qué me gusta de los hombres? Me gusta su ternura masculina, amplia y envolvente. Me gusta la chispa de su inteligencia y que tengan el corazón abierto. Me gusta su capacidad para protegerme», contestó Rocío, una estudiante española de Agronomía de 23 años.

Después de hacer la pregunta muchas veces, pareció emerger un patrón: por una parte, a las mujeres les gustan los hombres como hombres, por sus características masculinas genéticas, físicas. Por otra parte, a las mujeres les gustan esas características que a ellas les han sido alienadas por cómo se educa a los hombres y a las mujeres. Resulta que a los hombres generalmente se les enseña a ser racionales y poco emocionales, a tener destreza con las máquinas, a ser asertivos, y a estar dispuestos a tener una presencia importante.

Este deseo de estar con quienes poseen aquello de lo que carecemos no es sólo de las mujeres. Es una de las grandes razones por las que los hombres necesitan a las mujeres. El hecho de que esta atracción mutua pueda estar basada en una carencia recíproca no la hace menos real o algo de lo que avergonzarse. Pues mientras las mujeres y los hombres sean distintos entre sí, acudirán unos a otros para completar lo que les falta. Los hombres pueden estar orgullosos de aquello que hacen bien por ser hombres.

Nuestra encuesta también reveló que a las mujeres a menudo les gustaban en los hombres las mismas cosas de las que se quejaban en otros momentos. Tuve que preguntarme, «¿Realmente quieren las mujeres, al fin y al cabo, hombres que sean poco emocionales, agresivos, y a los que les guste la mecánica?». Me vi obligado a reconsiderar el mito popular de que a las mujeres les gusta que las dominen y protejan hombres altos, fuertes y silenciosos. Parece ser que esta concepción, combatida con tanto ahínco por el movimiento feminista, no se puede desechar fácilmente. Por ejemplo, Frances, de 35 años, editora bien remunerada que vive con un hombre y los hijos de él y los de ella, dice,

> Nosotras [las mujeres] no sabemos realmente lo que queremos. A mí me gustan los hombres que tienen sentimientos, pero no quiero que se enfaden. Quiero que me traten de igual a igual, pero quiero que sean fuertes para poder apoyarme en ellos. Me molestan sus destrezas, pero aun así les dejo que se ensucien las manos para arreglarme el coche.

La ambigüedad que Frances expresaba no es inusual; ¿qué quieren las mujeres?

Finalmente reconocí la respuesta: muchas de las cualidades que se aprecian en los hombres son también las cosas por las que menos gustan cuando se llevan al extremo. Como dijo Karen, una mujer de cuarenta y tantos que ha conocido a muchos hombres y ha pensado mucho en el tema, «Yo sé lo que quiero. Fuerza sin violencia, sentimientos sin blandenguería, destreza sin condescendencia, lógica sin avasallamiento. Quiero que los hombres hagan lo que hacen bien con moderación y sin que por ello esperen que se les ponga en un pedestal».

A las mujeres claramente no les gustan los hombres egoístas, fríos, dominantes que carecen de emociones. Tampoco les van los hombres que se auto-desprecian, se sienten culpables o son retraídos. Dicho de otro modo, lo que las mujeres quieren es «ni más machos, ni más endebles». Les gusta que las amen. Les gusta poder amar completamente y sin reservas. A las mujeres les gusta la fuerza, virilidad y audacia de los hombres y les gustaría que desarrollaran cortesía, delicadeza y ternura. Y esas son cosas que cualquier hombre, o bien tiene o puede desarrollar, si está realmente interesado en amar a las mujeres.

2. ¿QUÉ NO LES GUSTA A LAS MUJERES DE LOS HOMBRES?

Una vez confirmado que aún hay muchas cosas que a las mujeres les gustan de los hombres, quise indagar más en esas quejas sobre los hombres que las mujeres expresaban una y otra vez, para ver si había algo de verdad en ellas. Así que en nuestro cuestionario, también preguntamos a las mujeres qué les hacía desinteresarse por los hombres como amigos y como amantes.

A muchos hombres verdaderamente les desconcierta que surjan determinadas quejas repetidamente en sus relaciones con las mujeres, en casa, en el trabajo o cuando conversan en una reunión. Estas quejas a menudo les parecen fuera de contexto, prácticamente sacadas de la nada, y con frecuencia están alimentadas por sentimientos intensos, a veces de rabia, aparentemente desproporcionados en relación con los hechos. Algunos hombres no pueden entender estas quejas en absoluto; algunos piensan que son válidas pero exageradas. Otros aceptan el principio que estas quejas esconden —la desigualdad histórica y la relación de dominación entre hombres y mujeres— pero no saben gestionar la pesada carga emocional y la ira que algunas mujeres ponen en estos temas, y se sienten comprensiblemente desbordados cuando se les pide que compensen personalmente siglos de injusticia.

En estas situaciones, algunos hombres arguyen cargados de superioridad moral o toman una postura extremadamente defensiva, algunos intentan bromear para salir del paso, y algunos se comportan como peleles. Todos hemos presenciado alguna vez una conversación en la que una mujer emitía enfadada, aunque legítimamente, una queja para darse de bruces con una invalidación inmediata de su punto de vista por parte del hombre. La inutilidad de estos intercambios se me ha antojado siempre triste hasta el punto de parecerme trágica. La mujer claramente lleva su parte de razón, pero consciente de la presencia del hombre, la expresa mal y mezclada con tantos sentimientos que sólo un hombre ya familiarizado con esa queja podría ver más allá de la intensa emoción. La respuesta masculina más usual, la defensiva, sólo sirve para reafirmar el punto de vista de la mujer, lo cual deja una gélida distancia entre los dos. Consideren este drama oído por casualidad en una coctelería.

María había estado bailando con un hombre, y volvía a su sitio alrededor de una mesa baja repleta de bebidas.

—Qué horror de tío —dice.

—Totalmente repulsivo, ¿eh? —salta Sonia—. De verdad que estos tíos se creen un regalo del cielo para las mujeres.

Frank muerde el anzuelo a regañadientes.

—No tenías por qué bailar con él, ¿sabes?

—No me dejaba en paz. Pensé que me lo quitaría de encima si bailaba con él una vez.

—Vamos, sabes que te gusta —interrumpe Sam.

—¿Qué? ¿Que un baboso se me restriegue por todas partes? ¿Qué pasa con vosotros, estáis tan obsesionados con echar un polvo que no sabéis distinguir cuando una mujer no está interesada?

—Oh, oh, ¡ya estás hablando de «una mujer»!

—Escucha, Sam, no soy una feminista, pero estoy harta de tíos calientes que no aceptan un no por respuesta.

—Lo que estoy diciendo es que si no puedes con la calentura, no vengas a los bares.

—¿Ah, sí? ¿Y quién te da derecho a decirme que no venga a los bares? ¡Lo siguiente que me vas a decir es que no debería salir a la calle y que si me violan es que lo estaba pidiendo!

—Bueno, en algunas calles, algunas noches, lo estarías pidiendo.

—Sí, y supongo que me vas a decir que disfrutaría.

—¡Yo no he dicho eso! Sólo digo que cabe esperar ciertas cosas en ciertos sitios.

—No me vengas con eso, ¿de verdad crees que me gusta que los hombres me acosen?

Y así continuó la conversación.

En estos debates que nos son tan familiares, tanto la mujer como el hombre tienen una postura legítima: a ella le molesta que se asuma que la insistente persecución de los hombres es agradable, cuando de hecho la considera una intrusión y quiere que la dejen en paz. Él cree sinceramente que en el contexto de un bar es correcto que el hombre asuma que al menos está interesada, si no disponible. Ninguno está respondiendo al punto de vista del otro y el intercambio arroja más leña que luz sobre el tema. Todos alrededor de la mesa acaban alterados o disgustados y para algunos la noche está arruinada.

En este capítulo me gustaría explorar el punto de vista de la mujer con la esperanza de ayudar a los lectores masculinos. Es razonable asumir que la mayoría de los hombres hace todo lo posible por ser un buen hombre. Por tanto, cuando se nos mete en el mismo saco y se nos acusa de los típicos defectos masculinos («Sólo queréis sexo, típico de los hombres» o «Como todos, emocionalmente retrasado»), debemos darnos cuenta de que sea justo o no, es mejor no tomar estas acusaciones como ataques personales.

Si, de hecho, estamos actuando de acuerdo con algún atavismo masculino sin darnos cuenta, entonces nuestro comportamiento es el resultado de un entrenamiento en este rol, del que no somos totalmente culpables. Mientras no comprendamos lo que estamos haciendo mal, no podemos en justicia ser responsables de ello. No tenemos que reaccionar con sentimiento de culpabilidad y no es necesario estar a la defensiva. En cambio, debemos comprender la crítica y después podremos hacer algo al respecto, si queremos.

Para ayudar a comprender nuestro rol de comportamiento masculino resulta útil recordar lo siguiente: cuando los seres humanos nacen, se los divide en dos grupos. A uno se le dice: «Cuando crezcas, serás una niña, y deberías ser una persona compasiva y cuidadosa. Para ser realmente cuidadosa será útil que seas intuitiva y capaz de leer la mente, especialmente la de los hombres, porque a los hombres, benditos sean, no se les da bien pedir lo que necesitan. Dado que tu principal tarea será la de cuidadora, no necesitas ser muy racional; no necesitas la racionalidad para dar apoyo; de hecho, la racionalidad interfiere y puede ir en detrimento de tu faceta de cuidadora. Es mejor que no intentes comprender ciertas cosas».

Al otro grupo se le dice: «Cuando crezcas serás un hombre. Un buen hombre debe pensar con claridad y lógica; su tarea principal es la de resolver problemas, especialmente los relacionados con el poder y cómo acumularlo. Ser entregado y sensible no es esencial para el hombre, porque si deja que los sentimientos de la gente interfieran dificultará su pensamiento lógico. El éxito —ser un trabajador competitivo— será difícil si eres demasiado consciente de las emociones ajenas, por lo que es importante que pongas la racionalidad por encima de los sentimientos. Deja la emotividad y la sensibilidad a las mujeres; en ese tema son mejores que tú».

Estas instrucciones afectan a los niños (ahora menos que unos años atrás), pero aún son una influencia omnipresente para nuestros jóvenes. Incluso si la casa en la que crecieron no suscribe especialmente este punto de vista, todavía están los colegios, la televisión, las películas, los periódicos y otros adultos y niños para reforzar estos puntos de vista.

Está claro que a todos nos han criado en determinados roles y hemos tenido diferentes influencias operando en nuestras vidas. El tema es que ningún hombre está libre de ellos. ¿Cómo afecta esta crianza básica de nuestra vida temprana al carácter final de los hombres? Naturalmente el efecto varía, pero dejadme que os muestre unas caricaturas del resultado de dichas instrucciones en la infancia cuando se llevan al extremo: «La máquina sexual», «El adicto al trabajo», y «El callado, calmado y contenido».

LA MÁQUINA SEXUAL. LOS HOMBRE SON PERROS
Una de las mayores quejas de las mujeres respecto a los hombres se refiere a su intenso interés en el sexo. Cada uno de los siguientes comentarios proviene de una mujer diferente y consternada.

«Su única forma de canalizar las emociones, es sexual. Sólo sé que siente algo cuando está apasionadamente interesado en meterse en mis pantalones». «A no ser que haya sexo de por medio, no está interesado; si una mujer no es sexualmente atractiva, no cuenta. Con él, el sexo va primero, todo lo demás va detrás». «Sólo me toca cuando está interesado en el sexo; si le toco, asume que se trata de algo sexual, de una invitación. Me muero de miedo de demostrar algún tipo de afecto hacia él porque no puedo hacer que sea recíproco sin que la cosa se vuelva sexual». «Parece que mientras yo le excite, tiene energía para mí. En el momento en que llega, se va; o bien se queda dormido, o empieza a leer o se da media vuelta. Me siento ninguneada, como si no existiera».

Puede que estas descripciones sean extremas, pero la mayoría de los hombres somos conscientes del tipo de enfoque sexual bajo el que a menudo operamos. Por diferentes razones, algunas probablemente innatas, parece que nos vemos obligados a perseguir a la mujeres con el propósito de tener relaciones con ellas. Podemos enmascarar esta obsesión e intentar ser civilizados, o ser descarados al respecto. Puede que tengamos éxito o que seamos unos completos fracasados; no obstante, parece que tenemos esa tendencia a pensar en las mujeres como oportunidades sexuales, y a menudo en poco más.

Y ellas lo saben.

Algunos dicen que es una compulsión masculina que tiene que ver con la agresividad innata y con el instinto de procreación. Otra teoría es que, dado que se ha enseñado a los hombres a suprimir los sentimientos, los únicos sentimientos que mantienen son las poderosas sensaciones genitales que el acto sexual proporciona. Cuando un hombre conoce a una mujer a la que no le gustan sus avances, la combinación entre la tendencia a no ser consciente de los sentimientos ajenos y su instinto sexual, resultan en que ignore la irritación que a ella le causa. Él cree que está escondiendo su intenso interés sexual, mientras que ella es completamente consciente del mismo. Esta incesante búsqueda de encuentros sexuales es el motivo por el que las mujeres se quejan de ser vistas como meros objetos de las necesidades sexuales de ellos; de ahí la acusación de que los hombres las ven como «objetos sexuales».

Otra explicación más benévola para la constante búsqueda sexual de los hombres es que tienen una insaciable curiosidad por experimentar la respuesta sexual, emocional, íntima de las mujeres. La razón que se aduce es que a los hombres se les ha cerceando, han sido alienados de sus propias emociones en su educación. Los sentimientos de las mujeres, por tanto, devienen enormemente atractivos e infinitamente fascinantes. Estar en presencia de la energía amorosa y pasión sexual de las mujeres es desbordantemente placentero. Poder generar y controlar estos sentimientos en las mujeres es maravilloso, y poder sentirlos íntimamente es sublime. Pero aun así él tenderá a relacionarse con ella como con un objeto; un recipiente de encantadora energía femenina, más que una mujer en particular, con gustos y aversiones, complejidades y necesidades más allá de sus encantos femeninos.

Ésta es una forma más sutil de cosificación, él se relaciona con ella como algo más que un cuerpo, aprecia su energía y su calidez, pero aún así no consigue relacionarse con ella como con una persona real. A menudo, los hombres que persiguen así a las mujeres son como Narciso, se sienten deseables cuando se ven reflejados en los ojos amorosos de ella, emborrachándose con esta halagadora imagen de sí mismos. Las mujeres que están en el lado receptor de este tipo de atenciones o «amor» acaban por sentir que se las está tratando como a un arquetipo, más que como un individuo, y terminan sintiéndose utilizadas. Además las mujeres pueden verse tentadas por satisfacer esta fantasía masculina fingiendo orgasmos y exagerando el placer, que de hecho puede ser muy poco.

Muchas mujeres están tan preocupadas con su aspecto físico y su atractivo que se convierten a sí mismas en objetos. Poniendo énfasis en su ropa, maquillaje, y tratando de ser encantadoras y atractivas, se convierten en cómplices del proceso. Al final no puede discernirse la persona real y el hombre que intenta relacionarse con este tipo de mujer se estará relacionando con una fachada; no es sorprendente que le sea difícil pensar en ella como en una persona. Puede desearla, pero no podrá comprenderla. Puede practicar el sexo con ella, pero no sabrá hacerle el amor.

Es difícil para los hombres imaginarse cómo es la experiencia de la cosificación sexual para una mujer. Asumimos que si estuviéramos en el extremo receptor de este tipo de atenciones, nos sentiríamos encantados y halagados. Es difícil que comprendamos por qué algunas mujeres lo encuentran tan hiriente e insultante, especialmente, dado que no todas las mujeres se sienten así, y las que sí se sienten así, no lo hacen siempre.

Una experiencia comparable es la de los hombres que son cosificados como ganapanes o vales de comida. Tal como nosotros evaluamos a las mujeres por el tamaño de su pecho, puede que nosotros seamos evaluados por el grosor de nuestras billeteras. También nos halaga que se nos admire por nuestra capacidad de obtener ingresos, pero al final se trata de una valoración degradante que se nos endilga por el mismo rol que nos convierte en máquinas sexuales.

Al mismo tiempo la cosificación del cuerpo masculino por parte de las mujeres está progresando rápidamente, a la par que su disposición a ser agresivas y depredadoras como los hombres. Las películas y otros medios muestran mujeres deseosas de unos abdominales fuertes como tabletas de chocolate y poderosos dorsales, mandíbulas cuadradas y buen pelo. Cualquier hombre con este atractivo será propenso a ser cosificado por las mujeres (y por otros hombres) y sentirse tan molesto como las mujeres. Los hombres que no superan esta prueba del atractivo sienten cada vez más el aguijón del desinterés de las mujeres e incluso su escarnio; una experiencia que a las mujeres les es familiar pero que es nueva para muchos hombres.

Se les está administrando a los hombres una dosis de su propia medicina. Esto es, creo, para mejor. Probablemente sea la forma más efectiva de inculcarnos alguna comprensión acerca de cómo se siente uno cuando se le trata como a un trozo de carne. Puede que a medida que las mujeres miren nuestros cuerpos imperfectos con ojo crítico, desarrollemos más tolerancia y comprensión hacia sus quejas femeninas sobre nosotros.

TODO TRABAJO Y NADA DE JUEGO.
LOS HOMBRES SON ADICTOS AL TRABAJO

Otra gran queja sobre los hombres es que les importa su trabajo por encima de cualquier otra cosa. Los siguientes comentarios provienen de diferentes mujeres.

«Cuando hablo sobre cómo me siento, pone una mirada ausente. Puede que parezca que está escuchando, pero se ha ido a un país muy lejano, de negocios, gráficos comerciales y acciones». «Nunca se divierte; siempre está pensando en el trabajo». «Claramente ocupo un segundo lugar en su vida; primero, el trabajo, después, si queda tiempo, puede que vaya yo». «Trabajar, comer, ver la televisión, dormir, eso es todo lo que parece querer hacer. Cuando vamos de vacaciones invierte todo su tiempo en bajar el ritmo. Para cuando se han terminado las vacaciones, por fin está empezando a adaptarse al paso». «Tiene dos trabajos y cuando está en casa, arregla algunas cosas por aquí. Supongo que no puedo quejarme porque trabaja mucho, pero de todas formas detesto que haga eso. ¿Por qué no puede relajarse y disfrutar de la vida?». «Sus intereses están concentrados en su trabajo, el éxito, él mismo. Yo no le importo, sólo él y su ego. Es un buen marido, supongo, pero si el maridaje requiere un interés en mis sentimientos, olvídate».

Don Adicto Al Trabajo es el extremo grotesco de las instrucciones recibidas en la infancia de ser un protector responsable, con el refuerzo añadido que reciben los hombres cuando cumplen con ese rol. Los tiempos están cambiando pero a los hombres aún se les enseña que su tarea en la vida es la de proveer a una esposa y a una familia, y ser tan seguro, rico y poderoso como sea posible. Los hombres que se han tomado esta lección a pecho, y que han basado su identidad entorno a este rol de ganapán, se asombran cuando las mujeres cuestionan estas prioridades. Relajarse, divertirse, dejarse ir, simplemente no es fácil aunque alguna sustancia, normalmente el alcohol, puede ayudar al adicto al trabajo a bajar el ritmo un poco, suficiente para que el relax sea posible.

Lamentablemente el efecto del alcohol se pasa, se necesita más y al final se queda dormido o se emborracha. Su adicción al trabajo puede conducirle al alcoholismo o alguna otra forma de drogadicción. Algunos hombres usan la cocaína para incrementar su capacidad de trabajo, aunque el café y los cigarrillos aún son los compañeros de trabajo más tradicionales. Para estos hombres es difícil encontrar la alegría. La diversión y la relajación no están entre las experiencias más comunes de este hombre, aunque las desee y las persiga en su vida sexual y con el uso de las drogas.

Las mujeres normalmente son ambivalentes sobre la intensa concentración de los hombres en su trabajo. Al principio puede parecer deseable. Pero cuando el trabajo se lleva el amor y la alegría de la relación, el dolor, la ira, y el resentimiento sustituyen a esa aceptación inicial.

Janet, un ama de casa de 40 años, dice sobre la obsesión de su marido por el trabajo: «Max es corredor de bolsa y se trae el trabajo a casa. Yo solía llevarle un té y sentarme a leer mientras él trabajaba por la noche. Nunca se me ocurrió quejarme. Pero a medida que pasaban los años y su trabajo no parecía tener fin, empecé a odiar todo eso. Supongo que yo esperaba que trabajara menos a medida que le fuera mejor, pero en realidad empeoró. Empecé a sentirme como si no tuviera esposo y empecé a cuestionarme toda la relación. En lo que a mí respecta, no me importa lo bien que le vaya. No me hace ningún bien a partir de determinado momento, si nunca está ahí para mí».

Es importante equilibrar la vida doméstica con el trabajo de tal manera que ni la seguridad ni la relación se vean amenazadas. Cuando un hombre ama a una mujer, probablemente le gustaría poder establecer este equilibrio; hacerlo, normalmente requiere que se pongan las cosas sobre la mesa para discutirlas, y cooperación por ambas partes.

CALLADO, CALMADO Y CONTENIDO.
LOS HOMBRES SON RETRASADOS EMOCIONALES

La tercera queja principal sobre los hombres es que son sordos e insondables en sus respuestas emocionales.

- «Cuando las cosas van bien, normalmente siento que conozco a Diego. Entonces, de repente hace alguna cosa desagradable que simplemente no comprendo. Si intento enterarme del porqué, simplemente me choco contra una pared. No quiere o no puede decirme cómo se siente. Sus motivos no tienen sentido para mí, y pienso una y otra vez, "si al menos me dijera cómo se siente, lo comprendería"».

- «A veces sé que está enfadado, pero lo niega», dice Susana, de 35 años, casada con Juan, camionero de 39. «A veces me asombra su ausencia de una respuesta normal. Cuando cabría esperar que tuviera miedo, no lo tiene. Cuando necesito que me cuide, se desmotiva. Después se deprime y no sabe por qué. Simplemente renuncio a buscarle algún sentido». «Intenta parecer sereno, pero es difícil de descifrar y difícil de tratar. Sé que algo le está pasando, e incluso puedo adivinar lo que es, pero niega mis conjeturas, y dice no estar sintiendo nada. Así que me deja al margen. Al rato me enfado yo. Mientras más me enfado yo, más sereno está él. Hace que me sienta como una niña indefensa y desahuciada. Quiero pegarle para que sienta algo. Y después parece dolido y temeroso. ¿Pero lo admitiría? Ni aunque le fuera la vida en ello».

- Anna, de 29 años dice de su pareja desde hace cuatro años: «Nunca dice, "¡Te quiero!"». Sé que sí me quiere, o al menos creo que sí, e intenta darme indicios de que así es, pero nunca me viene de frente y mirándome a los ojos y diciendo claramente y sin dudarlo, "Te quiero"».

La imagen del hombre de acción totalmente imperturbable —el tipo silencioso, alto, oscuro y guapo, que lo tiene todo bajo control, sus sentimientos, las mujeres, cualquier situación, el hombre que nunca pierde la serenidad, que desde luego nunca llora a no ser que alguien muera, en cuyo caso puede, y sólo se enfada cuando está cargado de razones morales— es un estereotipo poderoso al que estamos constantemente expuestos en el cine o la televisión, en novelas, revistas, y cómics. Esta imagen, cuando la adopta una persona real, produce un ser humano con el que es mejor relacionarse en la distancia; mientras más se acerca uno, más difícil será que nos guste. Porque es humano y realmente tiene sentimientos pero no los reconoce, y menos a sí mismo.

En vez de eso, niega singularmente adrede que tenga necesidades, heridas, odios, afectos, miedos y esperanzas. Se resiste a todos y cualquiera de los intentos de gestionar sus sentimientos. La razón es sencillamente que le han dicho de múltiples modos, desde su más tierna infancia, que los sentimientos son debilidades que no debería permitirse. Está intentando ser un buen hombre del mejor modo que conoce.

Cuando sus sentimientos toman el control —a menudo en forma de enfado o en episodios de grandes depresiones y sentimiento de culpabilidad— lo percibe como un fallo del control esencial y rápidamente intenta reconducir las cosas a la normalidad.

Si fracasa, puede tener una depresión y terminar con una receta de anti-depresivos de por vida. Este tipo de hombre a menudo consigue mantenerse emocionalmente retraído, incluso de sus más allegados. Un hombre así puede estar casado treinta años o más y mantener la distancia con su mujer todo ese tiempo. Las mujeres que conviven con esta frialdad un año tras otro pueden volverse extremadamente amargadas. Puede que inicialmente las mujeres relacionadas con este tipo de hombre toleren su frialdad y falta de sentimientos. Puede que se diga a sí misma «Me quiere, es sólo que no sabe decirlo». Pero al final la tolerancia se vuelve desilusión, dolor y enfado que afectarán a la relación.

Estas características masculinas rara vez se encuentran en estado puro en el mundo real, tal como están descritas más arriba. Es más probable que encontremos partes de cada una en todos nosotros. Todo hombre tiene un poco de máquina sexual, de adicto al trabajo, y de tipo sereno en diferentes proporciones y en diferentes momentos de la vida. Aquí los exploro porque son los estereotipos masculinos sobre los que las mujeres se quejan y porque ninguno de los tres es una vía particularmente efectiva si uno quiere tener una relación íntima satisfactoria con la mujer.

Cada uno tiene su atractivo inicial. Un hombre que te haga flotar con su pasión sexual, que trabaje duro y tenga éxito, o que tenga este caótico mundo en el que vivimos bajo control, es una posibilidad atractiva. Los inconvenientes de estas aproximaciones simplistas a la vida no se manifiestan hasta que se ha pasado juntos algún tiempo y vemos que está obsesionado con el sexo, el éxito o el control. Por muy glamoroso que pareciera en la penumbra de los encuentros románticos, no es tan atractivo a la luz del día que proporciona la intimidad a largo plazo.

Pregúntate: ¿alguna de las descripciones anteriores coincide contigo? Estas quejas, ¿te suenan? ¿Las reconoces? ¿Puedes decir que no te ves afectado por los patrones de masculinidad que describo? Como hombre probablemente estés influido por uno o más de estos roles masculinos, y probablemente hayas sufrido por ello en tu relación con las mujeres (y los hombres), como me ha ocurrido a mí. Es natural. Pero no es necesario, y si quieres, puedes hacer algo para cambiarlo. Examinemos la misteriosa e interminable batalla entre los sexos.

3. EL AMOR A LAS MUJERES: LA PAZ ENTRE LOS SEXOS

LA BATALLA DE LOS SEXOS

A muchos les parece que las relaciones entre hombres y mujeres son semejantes a una zona en guerra. Hablamos de la guerra de los sexos. Las batallas sobre poder, territorio y control son cotidianas. Quién manda y quien obedece, quien come y quién sirve la comida, quien duerme y quién limpia, quién cambia los pañales, quien saca la basura, cuándo y cómo habrá relaciones sexuales, quién las conduce... Las escaramuzas son interminables.

Las mujeres se sienten desbordadas por las necesidades sexuales, hábitos opresivos y expectativas de los hombres. Por su parte, los hombres ven que las mujeres poseen algo que ellos quieren y necesitan —amor, calidez, sexo— y que ellas utilizan para atraerlos y manipularlos. Dada la lucha constante entre ambos, a veces es difícil que hombres y mujeres (como individuos y también como grupos enzarzados en conflicto) confíen los unos en los otros.

Los hombres a menudo se ven como mulas de carga, perseguidos encubiertamente por mujeres que los toman como fuente de seguridad, pero que, una vez que «los han cazado», les negarán la satisfacción sexual. Incluso un joven aturdido por un nuevo amor puede verse alejado de su amada por el aparente afán de ésta de robarle la libertad. Él no puede sintonizar con su entusiasmo aparentemente intrépido por el compromiso, y comienza a sospechar que puede haber algún tipo de trampa.

El folklore está repleto de imágenes de mujeres que hacen daño a los hombres, que los traicionan, les rompen el corazón y los humillan sexualmente. Las mujeres de estas narraciones rechazan a los hombres o se aferran a ellos, los usan, y les hacen exigencias poco razonables.

Muchos hombres no consiguen satisfacción alguna de sus relaciones con las mujeres. Y cuando lo hacen, la satisfacción rara vez dura y a menudo tiene muchos flecos colgando. Los hombres están con frecuencia aterrorizados por las emociones de las mujeres, que no comprenden y no parecen poder controlar. Así, los hombres tienen a menudo una actitud temerosa y elusiva hacia las mujeres.

Aunque un hombre pueda verse fatalmente atraído por una mujer específica y pretenderla con el propósito de, supuestamente, hacerle el amor, ese mismo hombre puede ser, simultáneamente, un misógino (odiar a las mujeres). La alta incidencia de misoginia entre los hombres se hace evidente en muchos niveles: hacer bromas entre ellos y comentarios llenos de odio a puertas cerradas o llamarlas coños, tías buenas sin cabeza, putas, rompepelotas, frígidas, ninfómanas y zorras; mientras tanto, el abuso, el maltrato y la violación que sufren las mujeres en todo el mundo a manos de los hombres son evidencias innegables del odio generalizado a las mujeres. De forma más general, simplemente no se las tiene en cuenta en el día a día, menospreciándose sus capacidades, inteligencia y perspectiva emocional.

AMOR A LAS MUJERES

Me disculpo; he dibujado una imagen exagerada y espantosa de la relación entre los sexos. No todo el mundo experimenta el mundo así, pero es como muchos hombres y mujeres lo ven. He dibujado esta lóbrega imagen como escenario para la posibilidad de un futuro más prometedor.

En su libro *Sexo para mujeres*, Carmen Kerr define el feminismo como «el amor a las mujeres». La reacción de la gente a esta definición, varía. Para mí, dio en el blanco; pero la reacción de mucha gente es de desagrado. Algunos desconfían porque es demasiado simple; otros interpretan «el amor a las mujeres» como lesbianismo o simplemente sexo con mujeres. Y aun así, cuando se piensa un poco, la definición cobra sentido y validez.

De cualquier otra forma que se defina el movimiento femenino, el amor a las mujeres debe ser un aspecto importante del mismo. Si se amara a las mujeres como ellas merecen, se las trataría de forma equitativa en el trabajo. Si se amara a las mujeres, no se cuestionaría su derecho a educarse o a elegir cómo vestirse, su pareja y sus preferencias sexuales. Si se amara a las mujeres, nadie les negaría el derecho a tener un hijo o no tenerlo cuando está embarazada. Serían libres para comenzar una familia, permanecer solteras, casadas o conviviendo con otra persona, hombre o mujer.

El amor a las mujeres como grupo, sean jóvenes o ancianas, delgadas o gordas, altas o bajas, sin tener en cuenta su belleza, es lo opuesto a la misoginia, que es la aversión, el recelo, el hábito de no tenerlas en cuenta, el temerlas, la falta de empatía y el desprecio superficial y sutil que tan a menudo aqueja a muchos hombres. El amor hacia las mujeres no implica necesariamente sexualidad, ni la excluye. Aquí el amor se refiere a todo el rango de emociones positivas entre las personas, desde la preocupación y el afecto hasta la sexualidad apasionada.

Amar a las mujeres también significa preocuparse por los temas relacionados con los niños, que afectan a las mujeres con hijos: el cuidado médico prenatal y perinatal, la equiparación salarial, las guarderías, la baja maternal, los servicios pediátricos y de planificación familiar y las condiciones económicas que les son propias como madres.

A menudo los hombres se asustan con las aspiraciones recién descubiertas de su pareja. Él se siente incómodo con estos cambios, y esto hace que ella se retraiga. Cuando un hombre ama a una mujer no se interpone en el camino, y la apoya en el desarrollo de su independencia, libertad y poder.

Y aún así, en el contexto de una relación comprometida, él también se ocupará de ella en aquellos momentos que pueden surgir, en los que ella esté necesitada (porque esté enferma o lesionada) o no pueda ser independiente, del mismo modo en que ella deberá ocuparse de él en esos momentos que nos ponen a prueba. (Una mujer se ocupó de su esposo, casi fatalmente lesionado después de que lo arrollara un camión. Más tarde, cuando él de nuevo estuvo operativo, la apoyó para que volviera a clase y pudiera cambiar de carrera). Estos intercambios de cuidados son una parte saludable de cualquier unión duradera entre un hombre y la mujer a la que ama.

En la década de los 80 cuando este libro se publicó por primera vez, en nuestro afán por mantener la igualdad entre los sexos, muchos de nosotros perdimos de vista la sabiduría implícita en lo de «en la salud y en la enfermedad», el voto matrimonial de cuidado mutuo.

MISOGINIA

Nada se gana negando que ciertas mujeres en ciertos momentos se hayan comportado mal, y que los hombres se hayan enfadado con ellas justificadamente. A lo largo de la dilatada historia de su opresión, las mujeres han tenido que ejercer ciertos roles, algunos de los cuales las han conducido a la clásica dinámica en la que mediante artimañas obtienen lo que necesitan del hombre (o de los hombres en general). Para los hombres que buscan compartir una vida, tales mujeres son una legítima fuente de preocupación. El título de este libro, *Cuando un hombre ama a una mujer*, está basado en una canción que lo deja bien claro: «Cuando un hombre ama a una mujer», canta Percy Sledge, «Gasta sus últimos diez centavos / Intentando agarrarse a lo que necesita / Renunciaría a todas sus comodidades / Dormiría a la intemperie bajo la lluvia / Si ella dijera que eso es lo que hay que hacer / que así debe ser». Las mujeres han estado enfadadas, a menudo llenas de ira, y se han deleitado humillando a los hombres, haciéndoles que se arrastren y supliquen. Tal comportamiento da a los hombres una excusa para mantener su actitud opresiva. Más aún, infunde un temor sincero y (localmente) legítimo en el corazón de los hombres. La profunda contradicción en la vida de los hombres —su miedo misógino a las mujeres por una parte, y su persecución a las mujeres por otra— puede parecer irreconciliable. Pero no lo es si uno se da cuenta de que el enfado de los hombres con las mujeres proviene de la frustración que les causa el continuo fracaso que supone no obtener lo que necesitan desesperadamente: alimento emocional.

Los hombres necesitan a las mujeres no sólo porque necesiten la compañía romántica y sexual, sino también porque, sin nuestras compañeras femeninas, nuestras vidas se verían empobrecidas, ya que nosotros no sabemos cómo amarnos a nosotros mismos ni a los demás. Confiamos en las mujeres para que nos proporcionen un contenido emocional de cariño. Las necesitamos para que colmen nuestra profunda sed de amor y, debido a que tenemos el instinto de copular, asumimos equivocadamente que el sexo es la mejor forma de colmar nuestro anhelo de amor. Y cuando no aplacamos esta sed con éxito, culpamos a las mujeres y nos enfadamos con ellas. Y entonces rehusamos aceptar el amor que nos ofrecen, en sus propios términos emocionales.

Normalmente este es un amor que el hombre, (especialmente si está enfadado) no sabe reconocer como amor: ella quiere iniciar una conversación, puede que intente hablarle de sus sentimientos (incluso cuando le está mostrando su enfado, ella cree estar intentando conectar con él, cuando en realidad, puede que él sienta que la está tomando con él) o incluso sugerir terapia para arreglar la relación. Buscando cómo resolver el conflicto, puede que le ponga la mano en el hombro a su marido e intente decir «Lo siento», pero en el estado de enfado en el que él se encuentra, comete el grave error de darle de lado. Estos no son los gestos de amor con los que él sueña —relaciones amorosas apasionadas— pero son pasos que, si se dan, pueden conducir a una relación amorosa mutuamente inspirada. Lamentablemente el hombre enfadado a menudo no es capaz de verlo.

MISANDRIA

Misandria (odio o aversión patológica hacia los hombres) es un término mucho más nuevo que misoginia (éste se originó sobre 1945–1950 mientras que fue en 1950–60 cuando se originó el vocablo «misandria»).* Fue acuñado para expresar la convicción de que también los hombres eran víctimas del odio y prejuicios basados en el sexo. El odio hacia los hombres, el *doppelganger* o fantasmagórico álter ego de la misoginia, se asocia generalmente con el feminismo. Esto es difamación antifeminista, pero hay desde luego mujeres (y hombres) que se llaman a sí mismos feministas y odian a los hombres. Pero el amor a las mujeres no se sirve del desdén o el odio hacia los hombres, que son, después de todo, también víctimas del sexismo. El menoscabo causado por la subyugación de las mujeres ha dañado gravemente a *todos* los seres humanos durante muchos milenios.

Tanto mujeres como hombres, siendo humanos, son susceptibles de caer en la tendencia al abuso de poder. Tanto hombres como mujeres son capaces de ser crueles. A medida que las mujeres obtienen poder, se está haciendo más claro que pueden ser desconsideradas y mezquinas, igual que los hombres. En algunos países como EE.UU. y España, donde las leyes están escritas para proteger a las mujeres y proporcionarles igualdad de derechos, el proceso legal a veces les favorece, dándoles una ventaja injusta en sus litigios contra los hombres, especialmente en casos de divorcio y de custodia de hijos. A medida que ganan poder, las mujeres

---

* Esta palabra existe en el idioma inglés. Por el contrario, y si bien se usa, aún no ha sido aceptada por la RAE, por lo que para la lengua española no hay ninguna fecha desde la que oficialmente se pueda considerar que «exista». *(N. de la T.)*.

caen en conductas igual de malas que aquellas de las que han sido víctimas, y es importante mantener el objetivo en mente: la igualdad de los sexos. A medida que las mujeres se parecen más a los hombres, el amor hacia las mujeres requiere que se las critique equitativamente, sin condescendencia ni ira autojustificada; es decir, que se hagan las mismas concesiones al error que hacemos con los hombres.

Aún así, debemos de reconocer un hecho fundamental: se ha tratado mal a las mujeres y se sigue haciéndolo en comparación con los hombres, de todas las formas brutales susodichas, que tienen lugar en nuestro país y que prosperan con fuerza en todo el mundo. Es cierto, tanto hombres como mujeres han sufrido, pero las mujeres han padecido todo el sufrimiento emocional que los roles sexistas han causado a ambos sexos, además de haber sufrido específicamente por ser mujeres —un sufrimiento que generalmente permanece inmutable en todo el mundo— excepto de forma ocasional y en ciertas circunstancias, como entre la ciudadanía de ciertas clases medias-altas de las naciones «desarrolladas».

Algunos hombres —acusando al mundo post-feminista de tener prejuicios contra los hombres— argumentan que mientras sean ellos quienes luchen y mueran en las guerras, las mujeres tienen poco de lo que quejarse. Actualmente, las mujeres están cada vez más en las zonas de guerra como soldados. Las bombas terroristas ya no obedecen a las mismas reglas de guerra. Y aquellos hombres que no logren ver que cada mujer maltratada o violada es *una veterana* de una guerra más amplia y duradera, es porque tienen algún interés personal que les impide ver con claridad.

Además, para bien o para mal, algunos hombres que han alcanzado la mayoría de edad después o durante la revolución feminista han decidido que no tienen deber alguno de caballerosidad para defender a las mujeres de sufrir daño. Así que ahora las mujeres tienen a menudo la carga de cuidar de sí mismas en un mundo peligroso en el que pueden acechar agresores de superior fuerza física. Mientras que a ningún hombre le gusta caminar por una calle desierta por la noche preguntándose si le van a asaltar o a matar, las mujeres son el objetivo casi exclusivo de violadores y asesinos en serie, lo cual quiere decir que las mujeres deben temer algo equivalente a la tortura (que puede desembocar en muerte) si caen presa de un violento depredador. Ambos sexos tienen cargas inaceptables que sobrellevar y mucho de lo que quejarse en el mundo tal como es en la actualidad.

Si no se comprende el hecho histórico de la opresión de las mujeres y de cómo éstas han aprendido a reaccionar ante el abuso de poder (p. ej., con un contra-abuso), no es posible apreciar la condición femenina y responder cariñosamente a la misma. Sin el conocimiento de las historias de mujeres y hombres como pueblos separados, los misterios del amor (y el odio) entre ellos jamás podrán comprenderse plenamente, y la guerra entre los sexos seguirá sin amainar.

¿POR QUÉ RENUNCIAR AL CONTROL Y ACUDIR AL AMOR?

¿Por qué deberían los hombres unirse a las mujeres en su lucha por el poder y el autorespeto? ¿Por qué deberían renunciar a sus privilegios: como hombre de la casa, con la primera y última palabra en cada tema, con la potestad de presidir la mesa (mientras que alguien le cocina y lava los platos)? ¿A su derecho a tomar la iniciativa y manejar las relaciones, a mantener el control? ¿Qué les quedaría? ¿Qué obtendrían a cambio? ¿Empezarían a sentirse secretamente inferiores a las mujeres, a ellas, que cuentan con toda su nueva energía y sus ambiciones recién descubiertas, su sexualidad diferente y misteriosa, su capacidad para tener hijos y su (normalmente) mayor comodidad y habilidad para navegar por el mundo de las emociones?

Así que, preguntemos de nuevo ¿por qué los hombres deberían entregarse al amor a las mujeres? La respuesta es que, al hacerlo, se nos devolverá nuestro corazón. Porque si aprendemos a amar a las mujeres —a amarlas de verdad, no sólo desearlas o idealizarlas— recuperaremos nuestra capacidad de amar. Porque al abrir nuestro corazón a las mujeres y al aprender a amarlas adecuadamente aprenderemos a amarnos a nosotros mismos, y unos a otros. A corto plazo, a medida que los hombres aprendan a amar a las mujeres, experimentarán a cambio el amor de las mujeres. Todo paso feminista que un hombre dé, probablemente ocasionará algún reconocimiento y agradecimiento por parte de las mujeres a su alrededor.

Al abrir nuestros corazones, el amor a las mujeres también nos hará ser más abiertos y estar disponibles para otros hombres y su amistad (nos abrirá a todas las amistades, de hombres y de mujeres). El afecto entre los hombres será más común, sin necesidad de esperar a las formas tradicionales de expresión en el campo de batalla, en las pistas deportivas, o cuando nos emborrachamos juntos.

Al apoyar la independencia y autosuficiencia de las mujeres, en el hogar y en todo lugar, el feminismo tiene el potencial de aliviar al hombre de la carga tradicional que le impone su papel como proveedor de sustento, portador de la única responsabilidad financiera de la familia.

A medida que el amor a las mujeres aumente su alcance en los territorios del mundo, promoverá a las mujeres a lugares de poder, mujeres que no serán la mera réplica de hombres duros de corazón, sino cuya capacidad de sentir y comprender emociones humanizará los negocios, la política, la religión y todos los aspectos de la vida humana. Cuando las mujeres participen en las decisiones importantes que afectan a la gente —con las mujeres «sosteniendo la mitad del cielo»— la racionalidad se verá atemperada por los sentimientos, y eso no puede más que beneficiarnos a todos.

El tema del amor de los hombres hacia las mujeres constituye el núcleo duro de la siguiente sección de este libro. La habilidad de cuidar, de ser tierna y cariñosa, en pocas palabras, la habilidad de sentir, ha sido el reino de las mujeres. La revolución feminista ha alterado esta dicotomía —hombre igual a conseguir, mujer igual a sentir— pero aún queda mucho por hacer, hay que progresar más allí donde ha habido resistencia, donde el progreso ha engendrado confusión o nuevas sombras de dificultad o incertidumbre. Las mujeres de la era feminista —las más visionarias entre ellas— piden que los hombres sean compañeros tanto en las cargas como en los beneficios que ofrece el estar emocionalmente vivos.

Yo argüiría que el trabajo fundamental de la transformación feminista está aún por finalizar. Sospecho que los hombres y mujeres que están llegando a la mayoría de edad hoy en día no sepan qué hacer en el mundo post-revolucionario en el que se encuentran. Ya no es suficiente con que las mujeres tengan derecho a trabajar por un salario equitativo. No es suficiente que las mujeres hayan roto muchas barreras invisibles, a menudo luchando por no perder sus mejores cualidades femeninas y por no verse forzadas a emular los defectos masculinos. Necesitamos volver a ese íntimo movimiento (personal y político) en el que las mujeres retaban a los hombres a hacer su parte del trabajo emocional. Cuando los hombres nos unamos a las mujeres a la hora de navegar por el mundo emocional, participaremos de la vitalidad emocional que ha estado reservada a su esfera. (Algunos hombres han tenido que arriesgar vida y hacienda en esa batalla para sentirse plenamente vivos emocionalmente, quizá porque en la vida normal se les pide que funcionen como si estuvieran desconectados de sus emociones).

Ambos, hombres y mujeres, tienen la capacidad original de sentir profundamente y de comprometerse emocionalmente. Ahora la ciencia más avanzada nos dice que las emociones forman parte de todas las decisiones que tomamos y que carecer de emociones no es un bien sino un déficit atroz. Tomemos pues la tarea de reclamar y poseer plenamente nuestros sentimientos, y, con la ayuda de los próximos capítulos, educarnos emocionalmente. Empecemos este proceso de educación emocional por el principio, Abrir el Corazón.

4. LO QUE LAS MUJERES QUIEREN DE NOSOTROS: ABRIR EL CORAZÓN

Dar afecto es un instinto que el ser humano comparte con otros mamíferos, y que ha desarrollado en un arte multifacético y complejo. Mientras que todos tenemos el instinto, no todos tenemos la misma habilidad en el arte.

Los repertorios son a menudo limitados; para los hombres, el amor está a menudo restringido a la relación amorosa sexual o la preocupación paternal. Nos suele incomodar la idea de dar muestras de afecto extravagantes. Para las mujeres, en cambio, el amor tiende a estar conectado con un flujo y expresión abierta de afecto que sienten con fuerza, y con frecuencia bastante separado de la sexualidad.

Hombres y mujeres disfrutan de la forma de amar del otro; de hecho, recibir aquello que no se tiene, es un placer especial. Las mujeres disfrutan de lo físicos que son los hombres y de su pasión; los hombres disfrutan de la ternura de las mujeres y de sus cuidados. Pero cuando queremos recibir un poco de lo que damos, a menudo nos encontramos con que nuestro homólogo se ha quedado entumecido y no parece haber forma de obtener lo que queremos y necesitamos.

En lugar de dar lo que el otro quiere, a menudo simplemente damos más de aquello que nosotros queremos y sabemos dar. En consecuencia, nos encontramos dando más, y a cambio obteniendo menos de aquello que necesitamos. En último término los hombres con frecuencia desarrollan la sensación de que las necesidades de las mujeres son infinitas e imposibles de satisfacer. De hecho lo que las mujeres quieren es simple y finito, sólo que no sabemos cómo dárselo. Es típico que los hombres encuentren difícil obtener la clase de atención sexual que quieren, y que las mujeres tengan problemas para obtener los cuidados y suaves caricias que ansían.

Al entrevistar mujeres para este libro, la primera pregunta que hicimos fue, «Cuando conoce a un hombre, ¿qué hace que éste le interese?». La respuesta casi universal se refería a la personalidad del hombre; su energía, sus intereses, su actitud. Rara vez tenía que ver con sus características físicas. Una respuesta que surgía con enorme frecuencia tenía que ver con los ojos del hombre. «Cómo me mira», o «Dónde me mira». Las siguientes son algunas respuestas típicas de varias mujeres.

- «Si me mira con interés, me gusta».
- «Todo está en los ojos, los ojos son muy importantes».
- «Es la chispa de sus ojos lo que primero capta mi atención».
- «No son propiamente los ojos, aquello que ven, lo que me importa».

En una investigación más detallada, parece que las mujeres que respondieron de esta forma se estaban dejando llevar por el hecho de que, cuando los hombres miran a las mujeres, con frecuencia lo hacen con un estándar muy preciso, relacionado con su aspecto físico.

Aunque por supuesto es verdad que hay hombres que ven a la mujer sólo como un buen trasero, y quizá como un trofeo para presumir con sus amigos y poco más, la mayoría de los hombres no son tan groseros. Pero incluso para los hombres que se relacionan con las mujeres en niveles más profundos, hay un hábito de «inspeccionarla» visualmente cuando la conocen por primera vez. Algunos hombres se sienten culpables, pero parece ser un acto reflejo, difícil de evitar.

Las grabaciones de los psicólogos que han registrado los movimientos oculares de las personas mientras éstas miraban un cuadro, han descubierto que cada persona mira a partes diferentes del lienzo en diferentes secuencias. Algunos prestan atención a un detalle; otros hacen un barrido sobre todo el lienzo. No sé de ninguna investigación acerca de lo que los hombres miran en las mujeres, pero he hablado con muchas mujeres agudamente conscientes de lo que la mayoría de los hombres hacen con los ojos cuando conoce a una mujer por primera vez.

Lamentablemente, la percepción de los hombres se ha visto profundamente afectada por una definición muy miope de la belleza femenina que ha entrenado al ojo masculino para que se fije casi automáticamente en el pecho, la cintura, las caderas, las piernas, el pelo y los rasgos faciales. Basándose en un conjunto de estándares aceptables de apariencia, los hombres hacen una evaluación puntual virtual:

- Pechos (marque una)   1. Demasiado grandes.
     2. Demasiado pequeños.
     3. Perfectos.

- Piernas (marque una)   1. Demasiado cortas.
     2. Demasiado gordas.
     3. Demasiado flacas.
     4. Perfectas.

- Caderas (marque una)   1. Demasiado grandes.
     2. Demasiado pequeñas.
     3. Perfectas.

- Cara (marque una)   1. Fea.
     2. Ni fú ni fá.
     3. Perfecta.

1°. Sume las puntuaciones

2°. Elija a la mujer con la máxima puntuación. Si no está disponible vaya a la siguiente en puntuación.

Algunos de nosotros podemos estar más interesados en el pecho o en las caderas, o en las piernas más que en el pecho.

Hay cierta libertad sobre lo que es o no aceptable. Esto, por supuesto, es una caricatura. Afortunadamente, pocos hombres son realmente así de implacablemente groseros. Pero la mayoría de ellos participa en alguna medida de este tipo de pensamientos, aunque muchos intenten no hacerlo. Algunos hombres, por supuesto, están menos afectados por esta maldición que otros, pero desafortunadamente, nos afecta a demasiados de nosotros.

El problema no es realmente que los hombres miren al pecho de las mujeres, a sus caderas o sus piernas. Los cuerpos femeninos son bonitos, así que ¿por qué no mirarlos? El problema es 1) que a menudo prestamos más atención al cuerpo que a la personalidad, y 2) que las evaluamos de acuerdo con ideas preconcebidas de belleza; no vemos la belleza que tiene cada una. En mi opinión, mucho de lo que a las mujeres les desagrada de la mirada hambrienta de los hombres es que «éstos ponen la belleza física por encima de cualquier otra cosa», y las juzgan de esta manera grosera y prejuiciosa. Renée comentaba:

Mi amiga me llamó hipócrita una noche después de una fiesta porque le di mi número de teléfono a un chico que hizo muchos comentarios halagadores sobre mis ojos y mi pelo. Siempre he dicho que odio que los hombres se concentren en el físico de las mujeres e intenten seducirlas con halagos. Pero es que mi amiga sólo llegó a la última parte de la conversación. Antes de eso habíamos estado hablando de mi trabajo; enseño Historia del Arte. Me preguntó un montón de cosas, no sólo para ser educado, sino preguntas específicas, sabía algo del tema y preguntaba cosas inteligentes. Me preguntó de dónde era yo, sobre mi familia, y me contó sobre él. Cuando dijo que yo tenía unos ojos bonitos, y que le gustaba el color de mi pelo y cómo lo llevaba, fue muy agradable, porque yo sentía que ya había prestado atención al resto de mi persona primero. Me sentí realmente muy halagada, cuando normalmente los cumplidos de los hombres sólo me hacen sentir molesta y forzada.

Muchos hombres se sienten desconcertados cuando las mujeres se quejan de ser objetos sexuales, porque dudan de que a las mujeres les guste que se ignore su apariencia. Asumen que las mujeres disfrutan el que se les diga que son guapas tanto como los hombres disfrutan que se les diga que son guapos. Hay algo de verdad en esto; por lo que las mujeres realmente protestan es por la constante e incesante concentración en sus cuerpos, hasta la exclusión de todo lo demás, y según unos patrones de belleza muy estrechos. La solución no es ignorar el cuerpo de las mujeres, sino fijarse antes en su personalidad, y entonces apreciar la belleza física sin compararla con el implacable ideal del Playboy. Si los hombres se limitaran a mirar y a apreciar más lo que ven, su mirada perdería ese filo hambriento o de rechazo y sería menos ofensivo.

Una de las consecuencias más desafortunadas de la fijación de los hombres en la belleza física de las mujeres (definida de manera restrictiva) es que muchos maridos encuentran que después de que sus mujeres han tenido hijos, a medida que sus caderas se ensanchan y sus rostros empiezan a mostrar los signos de la edad, se sienten menos atraídos por ellas. Sus mujeres normalmente sienten esto como una pérdida de interés y se sienten profundamente dolidas. Normalmente estas cosas, de las que no se habla, pueden sembrar las semillas de un profundo resentimiento, que lleva a la erosión de la seguridad y el vínculo entre ellos. Esto es realmente trágico, y todo radica en la estrecha concepción de belleza que los hombres deben desaprender. Más adelante explico cómo se puede hacer esto, en la sección sobre reentrenar el ojo.

Las prioridades groseras y frías no son del dominio exclusivo de los hombres. Las mujeres también han mirado a los hombres con parámetros calculadores y superficiales en mente, sobre todo en relación con su poder, su habilidad para ser proveedores y protectores. A veces hacen su lista de chequeo con la misma sangre fría con la que los hombres eligen marca, modelo, y año del coche que se ajusta a sus ingresos brutos. A la acusación «Los hombres miran a las mujeres como objetos sexuales», los hombres pueden responder, «Las mujeres miran a los hombres como objetos dinerarios». Ambas son caricaturas exageradas, pero ambas tienen algo de verdad. Afortunadamente este comportamiento está deviniendo minoritario a medida que despierta el feminismo que se opone a estas actitudes deshumanizadoras.

De hecho, las mujeres tienen sus preferencias físicas, como la talla, edad, piernas, cara, hombros, o cintura. Una encuesta informal en el semanario neoyorquino *Village Voice* comprobó que los ojos ocupaban el primer lugar, mientras que el trasero ocupaba el segundo. He hablado con mujeres que también lo pasan mal intentando resistir la tendencia a dar una importancia inmerecida al aspecto físico del hombre cuando lo conocen por primera vez, y se sienten mal al respecto, especialmente desde el momento en que no les gusta que se les juzgue así a ellas.

Pero —y esto es muy importante— en la misma encuesta, la mayoría de las mujeres aclaraba que los atributos físicos no eran lo más importante. Se mencionaba mucho más a menudo, «una mente sexy», «el tono de voz», «inteligencia y encanto», «la actitud», «el entusiasmo», «un hombre que me preste atención», «la forma en que se mantiene erguido», «un hombre apasionado», y una y otra vez, «sus ojos». En otras palabras, las mujeres tienden a ver más a la persona al completo.

Mientras que algunas mujeres encuentran halagadora esa fijación de los hombres en sus cuerpos, muchas, especialmente aquellas que se consideran inteligentes, poderosas, interesantes, o independientes, lo encuentran insultante. Pero cuando un hombre mira a una mujer como un todo con interés; si la mira a los ojos, a la cara, a las manos, al cuerpo, más que a las partes de su cuerpo, entonces ella tomará nota de la calidad de su interés, y estará agradecida.

Una de las razones por las que los hombres nos centramos en los factores visuales tiene que ver con nuestros egos; nuestra necesidad de autoestima y prestigio. Fantaseamos con entrar en una fiesta con una mujer guapa al lado, conducir por la calle con ella en nuestro descapotable, en que nos vean sentados a la mesa de un restaurante, o camino del altar. Nos imaginamos cómo otros hombres la evaluarán y la aprobarán o desaprobarán como la mujer con la que a ellos les gustaría estar, una mujer por la que competirían. Mientras que, por otro lado, cuando consideramos a una pareja menos atractiva, nos preocupa que otros hombres la encuentren fea y nos pierdan el respeto por dejarnos ver con ella. Lamentablemente, los hombres pueden dudar sobre si cortejar a una mujer por quien están realmente interesados debido a tales miedos.

Creo que esta tendencia está compuesta por un aspecto de la socialización masculina; se nos cría en que nos apliquemos en medir las cosas, en evaluarlas. Algunas investigaciones indican que los hombres están, desde que nacen, más afinados para las relaciones espaciales y visuales, mientras que las mujeres destacan en las habilidades lingüísticas. Los hombres estamos entrenados para notar las características físicas de nuestro entorno. Estamos sintonizados con las dimensiones y proporciones, y esta tendencia se extiende a nuestra percepción de las mujeres. Por eso tendemos a ver el cuerpo de las mujeres antes que cualquier otra cosa. Esto, combinado con la concentración del hombre en la sexualidad, y su inquietud sobre el prestigio, tienen como resultado el vicio masculino de ser exquisitamente conscientes del cuerpo femenino, y de notar cada detalle, cada pequeña desviación del ideal cultural.

Todo hombre debe preguntarse si quiere dejar que este tipo de factores guíe su vida, que dicte con qué mujer se citará y hará el amor, y con quién se comprometerá finalmente. Tenemos que preguntarnos si queremos dejar que los parámetros visuales ajenos guíen nuestras vidas. Es verdad, ciertas mujeres excitarán la envidia y admiración de otros hombres. También lo hará un flamante coche nuevo o un yate. A muy corto plazo no hay nada como una mujer preciosa en el asiento del copiloto del BMW descapotable de un hombre para atraer la atención de la gente y darnos prestigio. Pero más allá del corto plazo, no es sólo la apariencia física, sino todo lo demás, lo que hace que la gente sea atractiva.

Una atracción física fuerte puede ser explosiva e intoxicante, pero no suele aprobar el examen que supone pasar una vida entera juntos. Igual de deseable, y más perdurable, es estar con alguien que esté viva, feliz, y llena de amor. Los «defectos» que pueda tener, reales o imaginados, pronto pasarán desapercibidos en una persona auténticamente bella.

Benno, un escritor de éxito de cuarenta y tantos, que ha estado casado dos veces, dice:

> Escogí a mi primera mujer de entre una multitud, en una fiesta literaria. A los pocos minutos de conocerla supe que quería casarme con ella. Realmente, hacerla mía sería una expresión más exacta de cómo lo pensé. Todos pensaban que era de una belleza despampanante y una compañera muy adecuada para un escritor con un futuro prometedor como yo. Bueno, era guapa, sin duda, pero nuestra relación estaba completamente basada en su belleza y mi éxito. Cuando estábamos a solas, simplemente nos aburríamos. Mi segunda esposa y yo no nos atrajimos en un principio; no encajábamos en nuestras respectivas ideas de lo que el otro debía ser. Pero nos fuimos gustando mutuamente cada vez más, y bastante rápido. Los hombres no la miran dos veces por la calle, pero a mis amigos ella les encanta y les encanta salir con nosotros. Lo admito, solía pensar que era poco agraciada. Hoy creo que es preciosa.

También las mujeres caen en este tipo de trampa. Que las vean con un hombre poderoso y rico, causará envidia y admiración. El atractivo de semejante prestigio que tanto estimula el ego, puede hacer que las mujeres pasen por alto sus necesidades más íntimas a favor del halago social. ¿Cuán a menudo ha elegido una mujer a un hombre poderoso y callado, y ha descubierto demasiado tarde que era frío y mezquino, incluso abusivo y cruel? Cuando la gente escoge a su pareja sobre una base tan superficial, cabe esperar que sus elecciones sean potencialmente defectuosas. Con el tiempo, puede resultar que las dimensiones más mutuamente satisfactorias, más importantes, estén ausentes.

La mayoría de nosotros, a largo plazo, no nos fijamos tanto en la belleza superficial. Pero si uno considera sus decisiones francamente, la mayoría de la gente se da cuenta de que tienen cierto «rango de aceptabilidad» cuando se refiere a la apariencia, y se siente incómoda cuando se imagina que lo ven citándose con alguien que no entra dentro de este rango. Esto es especialmente cierto para la mayoría de los hombres. Merece la pena ser consciente de esta sutil discriminación, y considerar cómo podemos arrepentirnos a largo plazo. Mucho después de que la multitud haya dado su aprobación, tenemos que lidiar con la verdadera personalidad de nuestra pareja y podemos encontrarnos con que no está a la altura. He hablado tanto con hombres como con mujeres que se han dado cuenta de este problema pero que no saben cómo solucionarlo. Afortunadamente, se pueden aprender nuevas formas de ver.

EJERCICIO UNO:
REENTRENAR EL OJO

Hemos visto los problemas que nuestra preocupación visual nos puede crear. Es importante, por tanto, reentrenar el ojo. Pero, ¿cómo podemos alterar esta tendencia perversa, aparentemente irresistible? Hay algo que podemos hacer para modificar la forma en que percibimos a las mujeres, de manera que cuando las conozcamos por primera vez, nuestros ojos vean más allá de sus características físicas, dentro de otras dimensiones de su ser.

Cuando conocemos a una mujer, es una buena idea descartar nuestra fuerte tendencia a prestar atención a su dimensión superficial. Si nuestro ojo cosificador se centra en alguna «imperfección» o «mancha», resulta muy efectivo pasarla por alto y buscar en su lugar algo que consideremos agradable. Si el ojo se siente atraído por una nariz que no tiene la anchura exactamente perfecta, la longitud, o giro, busquemos conscientemente algo que nos guste en su lugar, como los ojos, las manos o la forma orgullosa de erguirse. Podemos tomar nota de aquello que nos gusta de ella físicamente, y después entrar en otro aspecto más psicológico de su persona; su actitud, su inteligencia o su creatividad. Por otra parte, cuando conocemos a una mujer de una belleza mediática, una «chica 10», tenemos que pasar por alto sus rasgos «perfectos» e irresistibles y, de nuevo, buscar otras cosas; sus manos, su voz, lo que hace y lo que le gusta, quién es.

De hecho, eso es lo que las mujeres parecen hacer cuando consideran a los hombres. Dice una mujer: «Poco después de conocer a un hombre, sé si me va a gustar, sé qué parte de él me va a resultar atractiva. Puede ser su olor, o sus manos, su voz, la forma que tiene de erguirse, sus brazos, o su pecho. A eso es a lo que me veo arrastrada una y otra vez».

Otra mujer dice: «Nadie es perfecto. Cuando me gusta un hombre, me veo atraída por alguno de sus rasgos. Puede ser cualquier cosa, no soy melindrosa, como su perfil o su piel. No me importan mucho otras cosas».

Yo mismo hace años simplemente no podía ver más allá del cuerpo de una mujer. Mis amigos podían predecir con antelación qué mujer me interesaría y a cuál ignoraría. Me criticaban reiterada y severamente por este comportamiento. Además, sólo unas pocas mujeres tenían una apariencia física como para que me interesaran. Habitualmente estas mujeres también eran objeto del interés de otros hombres, y me encontraba con que normalmente había algún otro hombre más atractivo para ellas que yo. Así que la belleza a menudo me dejaba a la altura del betún mientras ella y ese otro tipo se dirigían de la mano hacia la puesta de sol.

Cuando desesperado me di cuenta del daño que me hacía mi desgracia, comencé a re-entrenar el ojo. Practiqué durante varios meses hasta que se convirtió para mí en algo natural. Domé el escaneo automático que hacían mis ojos hacía el pecho, caderas o piernas. Me negué a reexaminar los aspectos que no me resultaban agradables en una mujer. Me forcé a pasar de lo que se percibe fácilmente a lo más sutil. Busqué la belleza inadvertida, la exploré y expandí mi consciencia de la misma. Descubrí cuánta perfección pasaba desapercibida, cuánto poder, chispa, inteligencia y dulzura hay en la gente después de mirarla más allá del primer enfoque de mis ojos. Cuando descubría algo que me gustaba, me quedaba ahí, deleitándome y saboreándolo.

Una gloriosa mañana de primavera noté que había un número inusualmente alto de mujeres bellas caminando por las calles de Berkeley. Estaba desconcertado. ¿Había una convención de mujeres en la ciudad, o quizá una afluencia de nuevas alumnas en la universidad? ¿Estaba la primavera forzando a todas las mujeres guapas a salir a las calles? Pero no, las mujeres no habían cambiado: era yo. Mis ojos estaban viendo belleza, el cabello fluido, las caderas amplias, las piernas fuertes, caras llenas de carácter, el caminar resuelto. Y, a medida que me permití admirar estas cosas bonitas, veía sus ojos brillar para devolverme el cumplido con una sonrisa o una breve sacudida del hombro en señal de agradecimiento.

Desde entonces he mejorado mucho, aunque no estoy del todo curado, desde luego. El mundo está lleno de mujeres bonitas; de hecho demasiadas como para acudir a todas. Soy como un niño en una tienda de caramelos, todo debido a un simple (aunque no fácil) cambio de percepción estimulado por un re-entrenamiento del ojo.

Los ojos son el espejo del alma, o eso dicen. El contacto visual es un aspecto muy importante en un primer encuentro con una persona. A menudo evitamos el contacto visual porque tememos lo que podamos ver o lo que vean de nosotros. Cuando dos personas se miran a los ojos, conectan de un modo que no tiene nada que ver con otro atributo físico; la atención fluye directamente entre ellos sin quedarse colgados en este o aquel detalle superficial. Si el contacto visual va acompañado de un apretón de manos, se establece un circuito de energía cerrado que puede decir mucho de lo que le está ocurriendo a los implicados. Si las dos personas son compatibles y si se gustarán lo suficiente como para buscar una amistad mutua, será algo que con frecuencia se decida en estos primeros segundos de contacto.

Este tipo de encuentro de las manos y los ojos nos provoca una serie de impresiones cuando conocemos a una mujer. Sólo si eres capaz de ver más allá de la superficie, la forma que tienes de verla, le agradará. Una vez que hayas descubierto lo que te deleita en ella, estarás en el buen camino para verbalizar tu apreciación de forma que le resulte agradable.

Así que el Ejercicio Uno es «Re-entrenar el ojo» y encontrar la belleza. Para practicar, ve a algún sitio donde puedas sentarte discretamente y observar a mucha gente, como la playa, un centro comercial, o una calle concurrida. Observa a la gente corriente cuando pasa, no sólo a las gente «10», sino también a la gente «4» y «5». Busca algo que te sea agradable. Trata de rechazar el quedarte pensando en lo que no te gusta.

A continuación, pasa algún tiempo con una mujer a la que conozcas informalmente. De nuevo, busca atributos positivos, esta vez, atributos psicológicos: su actitud, su creatividad, su inteligencia, su energía, lo que quieras. Y no te concentres en lo que no te gusta.

¿Pillas la idea? Bien, entonces practica, practica, practica.

EJERCICIO DOS:
HÁBLAME CON DULZURA. CARICIAS

Una vez que hayamos encontrado qué es lo que nos gusta de la otra persona, podemos proceder a decirlo. Para algunos, esta es una tarea fácil. Pero para otros, llegar a decir lo que les gusta —acariciar, en el discurso del análisis transaccional— y cuánto les gusta es bastante difícil. Se les traba la lengua de la aprensión.

- «¿Qué pasa si detesta lo que digo?».
- «¿Qué pasa si hago el tonto? No tengo facilidad de palabra».
- El corazón le late más rápido, y empieza a sudar. «Quizá debería esperar; mañana será otro día».
- «Ella sabe que me gusta; ¿para qué repetir lo obvio?».

Desdichadamente, las caricias no siempre fluyen libremente, ni siquiera entre las personas que se aman. Nuestra naturaleza básica pide caricias en abundancia. Darlas y recibirlas debería ser sencillo y placentero. Sin embargo, muchas veces tropezamos con dificultades.

Este problema se manifestó claramente en Paco, quien se dio cuenta de que cada vez que quería decir algo cariñoso a su esposa, su garganta se cerraba como si una mano misteriosa lo estuviese estrangulando.

Aunque sabía lo que quería decir, literalmente no podía dejarlo salir. En una ocasión en que su pareja le preguntaba si él la quería, quiso forzarse a decirlo y solo pudo pronunciar algo incomprensible como:

—Tegrramo.

Afortunadamente, su esposa tenía un buen sentido del humor y se echó a reír:

—¿Qué? —preguntó.

—Te amo, te amo —respondió él, compungido, distorsionando el mensaje con un tono de voz inseguro.

Este ejemplo absurdo de un problema muy corriente muestra el temor y hasta la dificultad física que aparece cuando hablamos de nuestras emociones de aprecio. Las evasiones de la gente pueden adoptar muchas formas. Paco podría decir, «Sabes bien que te quiero» o «¿Cuántas veces debo decirte que te amo?» o «Si no te amara no estaría aquí». A veces el sentimiento queda oculto por un tono frío e irónico, irritado o desdeñoso de la voz: «Sí, querida, por supuesto que te amo». En cualquiera de estos casos, en realidad no se ha entregado una caricia verbal. El hablante ha evitado una expresión completa y sincera de la emoción. Esto sucede con frecuencia porque pocas personas se sienten libres para expresar el amor abiertamente. Tenemos inhibiciones para dar, pedir o aceptar caricias. Y cada vez que echamos a perder la ocasión de demostrar o aceptar sincero cariño debilitamos el vínculo y la seguridad de la relación.

¿Qué es lo que nos reprime en el intercambio de caricias?

La Economía de Caricias

El hecho es que existen normas no expresadas pero obedecidas acerca de las caricias. Cuando las desobedecemos, la gente usa la reprobación o hasta el acoso para hacerlas respetar.

Si abrazamos y besamos cariñosamente a un ser querido en una calle por más de unos pocos segundos a la vista de mucha gente, seguramente alguien nos mirará con reprobación. A menos que seamos adolescentes, si nos besamos o nos acariciamos la cara en un autobús, otros pasajeros nos mirarán con incomodidad o fruncirán el entrecejo.

Si llamamos a nuestra esposa o esposo desde la oficina y le decimos: «Te amo», nos estaremos exponiendo a los comentarios de quien ocupa el escritorio vecino.

Pero estas prohibiciones no provienen sólo de quienes muestran su desaprobación. Están seriamente reforzadas internamente por nuestro Padre Crítico interno.

¿Qué son estas normas no escritas acerca del intercambio de caricias? ¿De dónde provienen?

Algunas personas rechazan las caricias que les brindan. Muchos como Paco, en cambio, se sienten desconcertados cuando quieren darlas.

¿Alguna vez sentiste un gran deseo de decirle a alguien que le amabas o que te sentías bien con él y no fuiste capaz de hacerlo? ¿Te has preguntado si un familiar, un amante o una esposa te querían, de qué manera lo hacía y por qué razón? ¿Pensaste en preguntarlo directamente, o acaso dejaste de lado la idea de hacerlo? Todas estas actitudes son el resultado de nuestra sumisión a las normas de la Economía de Caricias.

Las Normas de la Economía de Caricias

La Economía de Caricias es un conjunto de normas que nos impone nuestro Padre Crítico, esa voz crítica que tenemos dentro de nosotros y que, entre otras cosas, impide que demos y recibamos caricias libremente. Las normas de la Economía de Caricias, bajo las cuales nuestro Padre Crítico quisiera hacernos vivir, son las siguientes:

- No des las caricias que deseas dar.
- No pidas las caricias que deseas.
- No aceptes las caricias que deseas.
- No rechaces las caricias que no deseas.
- No te des caricias a ti mismo.

Cuando la gente sigue los dictados de la Economía de Caricias, la cantidad de intercambios de caricias entre la gente se reduce dramáticamente. Surge el hambre de caricias, puesto que las caricias son esenciales para la supervivencia física y psicológica de la gente. Un efecto colateral importante y perjudicial es que las personas hambrientas de caricias comienzan a aceptar o hasta a buscar caricias negativas porque no pueden obtener las positivas. Igual que quien se esté muriendo de hambre o de sed puede comer carne podrida o beber agua contaminada, la gente aceptará contactos negativos cuando no pueda obtenerlos positivos. *En consecuencia, en este estado de hambre de caricias, las personas participarán en juegos psicológicos que siempre comienzan como un esfuerzo para obtener caricias positivas y terminan en una riada de caricias negativas.*

Uno de los descubrimientos más importantes a los que llegué en los treinta años dedicados a la educación emocional es que rompiendo sistemáticamente las normas de la Economía de Caricias, la gente automáticamente abre sus corazones y experimenta sentimientos de amor que nunca antes había sentido. He visto a muchas personas desarrollar en poco tiempo (de seis meses a un año) la capacidad de amar, simplemente dando caricias, pidiendo caricias, aceptando las que deseaban, rechazando las que no deseaban y proporcionándoselas a ellas mismas.

Sentimos amor y el deseo de brindar caricias en muchos niveles distintos; el suave toque de calidez de la hija de nuestro vecino, el aprecio a un viejo amigo, el deseo de unirnos con una amante. Pero muchas veces esos sentimientos no se expresan. Y frecuentemente cuando se expresan no son francamente honestas.

Una caricia debe ser algo honesto, no prefabricado. De lo contrario, crearemos confusión y seremos contraproducentes A lo largo de este libro, el tema de la veracidad aparecerá una y otra vez. El hecho es que una capacidad emocional basada en los sentimientos no se puede desarrollar en un entorno de mentiras o de falsedad sutil. Para que la gente pueda tenerse confianza mutua y adquirir las habilidades que aquí enseño, tienen que comprometerse a ser sinceras y no mentir. Al dar caricias tendremos la primera oportunidad para practicar el principio de la veracidad.

A medida que nuestros corazones se van abriendo, también lo va haciendo nuestra capacidad intuitiva. A nuestra intuición le resulta confuso recibir un cumplido que se presenta como algo sincero pero que se siente como algo impostado y falso. Por lo tanto cuando decidimos otorgar una caricia, debemos asegurarnos de que sea auténtica. Para alguna gente es fácil ser honesta porque saben perfectamente lo que sienten. Para otras, el aprendizaje debe comenzar por allí.

Enfrentarse al Padre Crítico

El principal problema que tenemos para ofrecer caricias sinceras y veraces es nuestro Padre Crítico, que puede actuar como un carcelero emocional, enviándonos mensajes desalentadores que nos impiden ponernos en contacto con nuestras propias emociones. He aquí algunos de los mensajes que nuestro Padre Crítico Interno nos susurra y que nos impiden dar caricias:

- Si la otra persona no la desea, quedarás en ridículo.
- La caricia que tienes no es apropiada. Es torpe. Si la dices, quedarás como un tonto.
- Parece un acoso sexual.
- Parecerá una amabilidad falsa, ¿para qué te arriesgas?
- Alguien puede pensar que estas desesperado.
- Si eres demasiado emotivo, harás que todos se sientan incómodos y estarás molesto. Por ejemplo, si le dices a tu hermana que la añoraste mucho, va a llorar, se va a sentir incómoda y tú también. Entonces ambos os sentiréis estúpidos. Es mejor decir «Me alegro de verte» y ya está.

Cada vez que cedemos ante el Crítico Interno lo hacemos porque estamos intimidados por sus amenazas. Sentimos ridículo o burla; si no obedecemos sus dictados y advertencias, el Crítico Interno nos dice que la gente nos rechazará, se reirá de nosotros, hablará mal de nosotros a nuestras espaldas, y que finalmente nos quedaremos solos. En todos los casos, el Padre Crítico nos proporciona una declaración —un guión— de aquello que está mal en nosotros, y nos amenaza con un escenario funesto en el que nuestros defectos se arraigan y arruinan nuestras vidas en todas sus facetas.

El Enemigo es una porción dinámica de nuestra mente. Es un poderoso complejo de ideas adquiridas. Algunas de estas ideas han sido transmitidas a través de generaciones y otras son desarrollos completamente nuevos.

La función del Enemigo tiene sus raíces en los instintos jerárquicos, territoriales y agresivos de nuestros ancestros simiescos, que a medida que evolucionábamos a seres humanos se convirtieron en conceptos transmitidos a través de milenios de civilización. Su fin es restringir la libertad de las personas y subordinar al individuo al deseo de otros evitando que la persona sea todo lo que él o ella pueda ser. Su poder depende de su capacidad para engañarnos, intimidarnos, confundirnos, asustarnos y atemorizarnos. Es un complejo de ideas tóxicas sobre nosotros mismos, una ideología del mal, incluso si quieres una posesión satánica. Son muchas las tácticas del Enemigo, pero todas ellas se basan en la amenaza de que se nos apartará de la tribu; sin nadie que nos quiera y solos sin una base segura.

Para luchar contra el Padre Crítico no hay un método mejor que practicar la entrega y aceptación de caricias. Empieza con lo más fácil; cumplidos sencillos a personas claramente receptivas, especialmente a amantes y niños. Sé receptivo a las caricias que te vengan y acéptalas agradecido. Cuando ganes confianza y te vuelvas menos vulnerable al acoso del Padre Crítico, prueba a pedir una caricia en una situación segura. Poco a poco, con la práctica, esto se va haciendo cada vez más sencillo. Comienza con poco y ve aumentando después.

La Poesía de las Caricias

Una caricia debe ser un poema de amor. Puede ser tímida y breve, o grandilocuente y expresiva. Puede ser una sola palabra o un largo discurso, pero siempre debe venir del corazón, ser esperanzadora y sincera. Aunque se trate de una caricia de acción, sin palabras ni contacto físico, una caricia funciona porque es un acto de bondad y amor que se ofrece a otra persona. Para abrir nuestros corazones debemos examinar nuestras vidas y preguntarnos cuántas veces al día llevamos a cabo esta función básica de la naturaleza humana que consiste en expresar amor a otra persona de manera imperceptible, apasionada, o en algún punto intermedio, ya sea hacia nuestra familia, en el trabajo o en la calle. Si descubrimos, como es frecuente, que estamos privando a los demás de nuestro amor, debemos hacer algo al respecto para lograr finalmente una actitud más afectuosa.

Una de las razones por las que los hombres no expresan su aprecio hacia las mujeres, es que a menudo sienten que semejante confesión equivale a comprometerse. «Si le digo cuánto me gusta, pensará que estoy enamorado, y querrá casarse y comprar una casa y dos coches y tener niños, y tendré que tener dos trabajos para que lleguen a la universidad. ¡Mejor me callo!». Este tipo de temores acecha en muchos corazones masculinos, resultando en lo que parece ser tacañería emocional cuando tienen miedo de hacer cumplidos o expresar su amor. El hombre que rehúye el compromiso será especialmente reacio a decir cuánto le gusta una mujer porque hacerlo cierra su vía de escape, o eso teme. ¡No es de extrañar que empiece a tener sudores fríos!

Decirle a alguien cuánto la apreciamos no es una señal automática de compromiso de por vida. Las caricias (el término usado en el análisis transaccional para el reconocimiento y los cumplidos) se pueden dar libremente sin tener miedo a la «jaula dorada». Sin embargo, es verdad que, debido a que para algunas mujeres el recibir caricias sinceras de los hombres es una experiencia bastante inusual, puede haber un malentendido potencial. De hecho la mujer puede malinterpretar esta experiencia. Puede pensar que él está dorándole la píldora para obtener sexo o que está bebido o enamorado de ella. Aún así parece mejor ser cariñoso y después ocuparse de cualquier posible malentendido que no ser cariñoso en absoluto.

En cualquier caso, si nos preocupa cómo va a tomarse la gente nuestros cumplidos, es buena idea prepararles «allanando el camino».

- «¿Me he estado fijando en ti en los últimos minutos; puedo hacerte un cumplido?» o,
- «¿Puedo decirte algo que me gusta mucho de ti?» o,
- «No te conozco, pero ¿te ofendería si te dijera algo que me parece muy atractivo de ti?» o,
- «He estado queriendo decirte algo. Sé que alguna gente se siente incómoda con los cumplidos, pero hay algo que quiero decirte, ¿te importa?».

En este punto, has percibido algo que te gusta en una mujer y te has asegurado de que quiere oír tu cumplido y oírlo según lo que tú quieres decir. Es el momento de articularlo en palabras.

Una caricia no tiene que reunir las condiciones de una verdad científica. Pero tiene que provenir del corazón, tiene que ser sincera. Si digo, «Creo que eres guapa (lista, graciosa)», sólo tengo que asegurarme de que lo creo de verdad. Aunque es importante generar una apreciación cálida donde inicialmente puede que sólo hubiera un tibio interés, es absolutamente esencial que sea algo más sincero que una mentira piadosa. Una vez que hayas descubierto lo que sinceramente te gusta de una persona, no te hará ningún daño tirar la casa por la ventana y mostrarte sesgado, hiperbólico y metafórico, particularmente desde el momento en que los hombres tienden a ser objetivos, lacónicos y escasos. Dicho de otro modo, en relación con los cumplidos, es mejor tirar un poco la casa por la ventana que quedarse corto. Mejor ser melódico, rapsódico o poético que aburrido.

Por ejemplo, si tiendes a decir, «Eres lista», ¿por qué no decir, «Te he visto hablar con gente distinta y me he dado cuenta de lo listísima que eres»? En lugar de decir «Eres graciosa», ¿por qué no decir, «¿Sabes una cosa?, me parto contigo. Me encanta tu sentido del humor»? ¿Por qué decir «Eres guapa», cuando podemos decir «A veces, cuando te miro, me desconcierta tu belleza. Algunas veces me cortas la respiración»? A las mujeres les gusta la poesía, así que hagamos un poema de cada declaración de afecto.

A medida que empieces a expresar tu afecto, puede que algunas mujeres desconfíen y no crean lo que dices. Puede que se encojan de hombros imperceptiblemente, o que hagan una mueca o pestañeen o cierren los ojos mientras escuchan internamente una voz (su Padre Crítico) diciendo, «Oh, sólo te está diciendo esto para hacerte sentir bien», o «Oh, oh, aquí viene el avance sexual».

Si sospechas algo así, puedes añadir «Tengo la sensación de que no me crees. Realmente siento lo que digo». Si ella parece sospechar que esto es parte del número para ligar, deberías añadir «No quiero que te sientas incómoda; si ha sido así, lo siento». Esto no significa que después tengas que escabullirte sintiéndote culpable o avergonzado; sólo es para que ella sepa que no tienes intención de molestarla, sino de compartir tu admiración de la forma más respetuosa posible.

Puede que ella conteste «Lo dices por decir, no lo sientes realmente». Podrás contestar, de forma convincente, «Que sí lo siento, de verdad, soy sincero». Inténtalo de nuevo y pídele que esta vez te crea.

Puede que ella de verdad no quiera que le hagan un cumplido, siempre es posible. Por otra parte, puede que responda con una amplia sonrisa, un abrazo, o simplemente un suspiro, y entonces sabrás que habéis entablado con éxito una relación recíproca, si bien pequeña, de entrega y recepción de afecto.

Así que el Ejercicio Dos es «Háblame con Dulzura» (y mira cómo reacciono). Para practicar este ejercicio empieza por elegir a una persona en la que sepas que puedes confiar y después pídele permiso para decirle alguno de los pensamientos halagadores que tienes sobre ella. Cuando hagas esto fácilmente, practica con gente a la que no conozcas tan bien; en el trabajo, en clase, o en la calle.

Y claro, nada es tan bien recibido como cuando en un momento elegido captamos la atención de alguien a quien amamos profunda y sinceramente, y sonrientes, sin dudarlo, recitamos el más dulce de todos los poemas: «Te quiero».

EJERCICIO TRES:
QUIÉREME MÁS ALLÁ DE LAS PALABRAS

Hasta ahora me he estado refiriendo exclusivamente a la expresión verbal de los sentimientos positivos. Pero hay otras formas de mostrar amor. Por ejemplo, el mero hecho de que dos personas tengan una buena conversación, incluso si no incluye declaraciones abiertas de afecto, es una forma de aprecio mutuo y de acariciar. En el proceso de una conversación, una persona responde positivamente a otra escuchándola, considerando cuidadosamente lo que la otra persona dice, tomándoselo en serio, estando de acuerdo o en respetuoso desacuerdo y mostrando reconocimiento por lo que se está diciendo, asintiendo con la cabeza, sonriendo e incluso riéndonos.

Uno de los aspectos sutiles de la comunicación verbal es la tonalidad de la voz, que expresa el contenido emocional que hay detrás de lo que decimos. La misma palabra, dicha en diferentes tonos de voz, puede tener significados muy diferentes. Obviamente, un tono de voz suave y tierno va a realzar los efectos positivos de una declaración, sobre todo si lo comparamos con uno monótono o áspero. Incluso si se extrajera todo el significado del discurso de alguien, normalmente está claro para quien escucha si el orador está expresando una actitud negativa, neutral o positiva, sólo por su tono de voz.

Por tanto, un hombre que desee convertirse en una persona cariñosa, necesita prestar atención no sólo a lo que dice, sino también a cómo lo dice. Practica una forma de hablar tierna; si tienes dificultades para hablar suave y cariñosamente a una persona, practica con un gatito, o un bebé.

TÓCAME, ¡NO ME TOQUES!

Algunas veces parece que las mujeres no quieren que los hombres las toquen, y la razón es que temen que si aceptan que un hombre las toque, esto se interpretará como un consentimiento sexual. Las mujeres pueden parecer muy paranoicas en este sentido, pero los hombres constantemente interpretan la amistad y apertura por parte de las mujeres como una invitación. Esto es algo con lo que las mujeres han llegado a estar resentidas. Algunas han llegado a odiarlo.

- «¿Por qué no puede tocarme sin excitarse inmediatamente y querer sexo?», pregunta una.
- «A no ser que sepa que quiero sexo con un hombre, no se me ocurre dejarle que me toque porque pensará que es una invitación», dice otra.
- Otra más jura, «No toco a un hombre a no ser que sepa que quiero sexo con él».

Estrechamente relacionado con el contacto sexual está el poder del tacto. Los hombres a menudo tocan a las mujeres como vía para afirmar su masculinidad, su control y poder. Tomamos a una mujer por el codo; estrechamos sus manos en las nuestras, las guiamos al cruzar las puertas o en la calle. Todo esto puede ser inocente, pero a menudo es una forma de mostrar dominio y puede provocar resentimiento.

Así que los hombres con timidez para tocar a las mujeres tienen una buena razón para ello. Por regla general, los hombres no tienen una comprensión precisa de hasta qué punto invaden la privacidad de las mujeres. A los hombres se les permite tener su propio espacio vital y que se salgan agresivamente del mismo para entrar en el de los demás, especialmente en el de las mujeres. Un hombre sensible puede reconocer que en casi cualquier situación en la que esté implicada una mujer, él tiene el potencial de un elefante en una cacharrería. Arriesgarse a tocarlas sin crear problemas requiere cierta dosis de sensibilidad.

Las manos son de forma natural la extensión del corazón. Son un instrumento del amor. Los hombres rara vez usan las manos con otro propósito que no sea el sexual o el de la manipulación. Muchos hombres tocan a los niños o a otros hombres o mujeres sólo si quieren controlarlos. Los beneficios del tacto son en gran medida inaccesibles para estos hombres; en consecuencia, no tocan tanto como deberían y tienden a tener poco desarrollado el suave arte del tacto. Y aún así las manos de los hombres son a menudo fuertes y habilidosas en otros ámbitos, y sería fácil aprender sobre su capacidad para amar y dar placer.

El tacto sensible combina el amor y la intuición. El amor proporciona la energía, y la intuición nos da el conocimiento de hacia dónde dirigir nuestra energía para calmar y dar placer. Con nuestra intuición, podemos sentir la necesidad que tienen los demás de que los toquen. Si prestamos atención, notaremos cuándo alguien tiene dolor de espalda, cuándo necesita ánimo y apoyo, o cuándo simplemente quiere que le toquemos, o no. Esta consciencia intuitiva, combinada con la energía del amor, es la base de un contacto cariñoso.

Si las buscas, se presentarán oportunidades para tocar. Hombre o mujer, alguien se quejará de un dolor de cabeza, dolor de espalda, de pies o manos cansadas, todo lo cual se puede calmar con el tacto. Tenemos, claro está, el tacto inicial del apretón de manos. Más allá de eso, es posible tocar a la gente cuando se les habla, cuando se pasea, cuando se pasa por su lado en lugares estrechos, y cuando se les dice adiós. Cepillarle a alguien el pelo puede calmar el dolor de cabeza; tomarle las manos y masajeárselas, puede aliviar su tensión.

Hay toda una variedad de posibilidades de tocar, y el hombre que ha decidido ser cariñoso debe tomarlas en consideración. La tarea esencial, sin embargo, es tocar sin tener en cuenta ninguna consideración sexual, tocar sin esperar que la sexualidad llegue a ser un aspecto del contacto. Eso significa que tocaremos sin discriminación; tocaremos a aquellos que nos atraen tanto como a los que no encontramos sexualmente atractivos.

Una forma muy buena de familiarizarse con cómo nuestras manos pueden proporcionar placer es aprender a masajear. Cualquier hombre que quiera ser más cariñoso puede hacer un curso de masaje y encontrar oportunidades de practicar con gente cercana. Ofrécete a frotar la cabeza, el cuello, la espalda o los pies. Una amiga puede haber estado llorando o puede haber estado clavando puntillas todo el día; otro puede haber estado todo el día sentado en el despacho o haber jugado un partido duro. En cualquiera de estas situaciones, es posible ofrecer un masaje como forma de mostrar nuestro aprecio y practicar el amor hacia los otros.

Así que, el Ejercicio Tres es «Ámame más allá de las palabras» (y creeré todo lo que me digas). La próxima vez que tengas oportunidad de dar algún afecto a alguien, presta atención al tono de voz, a tu postura, tu actitud, cómo transmites tus sentimientos por tu cara y, en particular, tus ojos. Usa las manos con gente a la que conozcas bien; después experimenta el uso de las manos con gente con la que no estés tan familiarizada.

Éstas son algunas de las cosas que las mujeres quieren: no me trates como un trozo de carne, háblame con dulzura, pero ámame más allá de las palabras. Pero el amor a las mujeres va más allá de estas importantes manifestaciones de cariño. Si ha de haber paz entre los sexos, necesitamos ocuparnos de mucho más, como veremos en el próximo capítulo.

5. ¿SENTIMIENTOS?

Cuando se les pregunta a las mujeres —sean jóvenes o ancianas, norteamericanas, latinoamericanas, o europeas, de clase obrera, acomodadas, o pobres, de color o blancas— qué quieren de los hombres, se concentran en un tema similar. «Qué me liberen, qué renuncien al control». «Qué den algo de sí mismos». «Escúchame, y dime qué te pasa». «Dime si me quieres o si estás enfadado conmigo». «Relájate, encuentra tu punto sensible». «Lo que yo siento cuenta; quiero que te importe». «Quiero saber cómo te sientes».

Al principio, estas respuestas parecen ser las típicas vaguedades que las mujeres dicen cuando quieren algo que no consiguen. Pero estudiándolas, empecé a ver un patrón. «Da, ábrete, siente, dime, escúchame, sé tú mismo»; el hilo conductor común que detecté en todas estas respuestas fue que las mujeres quieren que los hombres sean más conscientes de sus sentimientos y que actúen basándose en ellos.

«¿Sentimientos?», podríamos responder los hombres. «¿A qué te refieres con sentimientos?». Esta petición a menudo nos deja realmente perplejos y a menudo nuestra respuesta está teñida de una actitud defensiva porque de alguna manera reconocemos la importancia de las demandas de las mujeres y nuestro problema para responder.

¿Sentimientos? A los hombres la mera palabra puede provocarles un ataque de pánico, ya que la experiencia a menudo indica que puede haber un misterioso y profundo defecto aquí, quizá congénito. No es muy diferente a la sensación de encontrarse de pronto en lo alto de un trampolín y que le animen a uno a saltar. «¿Qué hago?» se pregunta el hombre a sí mismo con voz ahogada, con la esperanza de que alguien ahí fuera le explique de qué va todo este asunto de los sentimientos, cómo funciona, y cómo hacerlo sin caer de panza y ahogarse. A menudo el pánico está teñido de resentimiento. «¿Y ahora qué?» refunfuña. «Primero, quería que nos casáramos, y lo hice. Después dejó de trabajar, y ahora yo trabajo los fines de semana. A continuación se quedó embarazada y dejamos el sexo». A estas alturas, está dolido. «¿Ahora quiere sentimientos? ¿Y después, qué?» Para muchos hombres la pregunta sigue siendo «¿A qué se refieren las mujeres cuando dicen que quieren sentimientos?».

Para empeorar las cosas, a la mujer no siempre se le da bien el explicar las deficiencias de los hombres: «¡Sabes perfectamente lo que quiero decir! Simplemente contéstame a la pregunta: ¿me quieres?». Estas expresiones de ira, aunque indudablemente justificadas, no ayudan a aclarar lo que quiere que él haga de forma diferente. Es igualmente improductivo cuando la mujer —dando rienda suelta a su dolor y desilusión— pierde el control y llora, y cuando él se le acerca de forma amorosa, lo rechaza gritándole: «¡No me toques! ¡Sólo piensas en el sexo!». Puede que tenga razón, ya que a menudo las mujeres afligidas parecen estimular una respuesta hormonal protectora masculina. Pero este tipo de explosiones no da al hombre más pistas acerca de lo que la ha alterado a ella.

No debería sorprendernos que tanto hombres como mujeres titubeen y metan la pata cuando se trata de hablar sobre emociones. A ninguno se le ha enseñado a hablar con fluidez sobre los sentimientos. No se ha hablado de los sentimientos ni se los ha explorado hasta que recientemente, al final de la década de los años 90, Daniel Goleman introdujo el concepto de IE (Inteligencia Emocional) en la mente del ciudadano de a pie con su libro *Inteligencia emocional*. El movimiento de la inteligencia emocional ha tenido una repercusión espectacular y sin duda ha supuesto un avance en la consciencia emocional en el mundo.

Aún así son las mujeres las que dan las lecciones más importantes en formación emocional a los niños, dentro de la familia, transmitiendo a sus hijas cierto «saber hacer» rudimentario de la vida emocional. De este modo, la mayoría de las mujeres son más versadas en temas emocionales que la mayoría de los hombres, pero ambos grupos tienen mucho que aprender. Algunas familias y culturas permiten más opciones que otras a los chicos, pero la inmensa mayoría de hombres se cría dentro de un sistema de actitudes que los entrena para mantener el control sobre sí mismos y sobre los demás. Del amplio abanico de tonos e intensidades emocionales, a los hombres tradicionalmente se les permite expresar sólo sentimientos de ira (si está justificada), culpa (si es el resultado de una irresponsabilidad), y ocasionalmente, amor (si es nuevo o no correspondido) o alegría (en eventos deportivos). Las expresiones más sutiles de emociones negativas, como la vergüenza, el miedo y la tristeza o incluso emociones positivas como la alegría o la esperanza, no se alientan. Esto crea una brecha emocional que separa a los hombres de las mujeres.

La mujer clama que necesita más sentimientos por parte del hombre, quien no sabe cómo corresponder, incluso cuando quiere hacerlo. Mientras tanto, la mujer no sabe cómo enseñar al hombre o ni siquiera explicarle adecuadamente lo que quiere. Puede que la mujer tenga más educación emocional que el hombre, pero ambos tienen mucho que aprender. Con diferencia, la controversia más candente entre los sexos, versa sobre dos áreas emocionales: amor, sexo, amor y sexo, amor o sexo. La mujer parece decir «Más amor» y (al hombre le parece) «Menos sexo». El hombre parece decir «Más sexo» y (a la mujer le parece) «Menos amor». Idealmente todo el mundo quiere ambos, pero está recibiendo muy poco de los dos. Se han escrito millones de letras de canciones, libros, revistas, artículos y sermones dominicales sobre este tema. Este es mi punto de vista:

SEXUALIDAD

La sexualidad es una emoción asertiva y poderosa. Los sentimientos sexuales se sienten más intensamente en los genitales, pero la sexualidad se puede sentir en el cuerpo entero. «Me siento como si tuviera champán burbujeante en las piernas y los brazos». «Cuando beso, siento que me derrito, como si me corriera fuego por las venas». «A veces me siento como si estuviera acostado en el lecho de un arroyo muy rápido y el agua fluyera a través de mí». «Es como estar tumbado al sol cálido en un día fresco de primavera». «Es un placer intenso y que me hace temblar, a veces de forma insoportable», «Como un volcán en el pecho».

Sea cual sea la forma que tengamos de sentir el sexo, a menudo hay una intensa sensación de urgencia al respecto. Después de todo, una función principal de la sexualidad es la procreación. Si no fuera tan vital para nosotros, puede que a estas alturas nos hubiéramos extinguido. La sexualidad es parte de un impulso, un imperativo instintivo y a veces abrumador, que, si no se satisface, puede convertirse en una obsesión que invada nuestra vigilia (y nuestro sueño). Si la energía sexual no encuentra una expresión genital, encontrará otra forma de canalización, como descubrió Freud. La sexualidad es ineludible y no debe ser negada; propulsa a los seres humanos de una forma o de otra. Si no se expresa mediante la actividad genital y el orgasmo, la energía sexual puede viajar a través de canales psíquicos invisibles hacia la superficie, a menudo en forma de agresión. Puede alimentar la búsqueda intelectual o atlética. Puede crear síntomas paralizantes. Cualquiera que sea la forma en que la sexualidad encuentre su expresión, al final se saldrá con la suya.

La sexualidad transforma a las personas. Puede darle un giro inesperado a situaciones estables y predecibles. Es el estímulo que hace que se traten personas que no se encontrarían unas a otras si no fuera por el impulso sexual. La sexualidad rompe las barreras de clase, raza, edad y color. La sexualidad es como el cucharón en la sopa de la vida humana.

Nada remueve la olla como esta fuerza revolucionaria con la que sólo rivaliza la violencia y su capacidad de atraer o repeler a la gente. El hecho de que sea una industria billonaria inagotable atestigua su poder e importancia. Y el hecho de que sus clientes sean hombres de forma abrumadora y mayoritaria certifica la significativa diferencia que hay entre hombres y mujeres en el plano sexual.

La sexualidad puede ser constructiva como en la atracción mutua ente hombres y mujeres. Entonces es una fuerza vital recreadora y renovadora. O puede ser destructiva, como cuando se convierte en una obsesión que desplaza a cualquier otro interés. Somos conscientes de que emociones como la ira, el miedo, la tristeza, la alegría, el amor o la sexualidad están íntimamente asociadas a funciones hormonales y bioquímicas. Las emociones fuertes pueden producir síntomas físicos como sequedad de boca, pupilas dilatadas o contraídas, lágrimas, piel de gallina, palpitaciones o temblor. La sexualidad en particular, tiene marcadas manifestaciones corporales. En toda su expresión, la sexualidad es fluida; sangre, sudor, lágrimas, saliva, fluidos seminales, secreciones vaginales y menstruos son parte del paquete de la experiencia sexual. Algunos lo experimentan como algo sucio o incluso asqueroso y les repulsa la sexualidad en su expresión plena porque es una energía que radia de las personas con una manifestación perceptible. Cuando una persona está cargada de sexualidad se nota que está palpablemente energizada. Cualquiera que esté a su alrededor podrá percibir sus «vibraciones» y se verá atraída o repelida, de acuerdo con su propia orientación. Para aquellos que tienen una inclinación positiva hacia la energía sexual ajena, la experiencia será positiva, incluso les excitará. A aquellos a los que no les vaya tanto, les hará sentirse incómodos, les parecerá incluso repugnante.

Eric Berne en su libro *El sexo en el amor humano* dijo que una de las razones del efecto que tiene el sexo sobre nosotros es que «el sexo es húmedo». La fluidez del sexo no está sólo en su humedad; los movimientos sexuales son líquidos.

Los orgasmos son como olas; el sexo es como un arroyo, como un océano sin fondo; la energía sexual nos enjuaga. Tenemos que tener en mente la naturaleza líquida de la sexualidad para comprenderla. La sexualidad es una emoción que, como el agua, que constituye el 90 por ciento de nuestro cuerpo, cala nuestro ser. Cuando intentamos reducirlo a una mera función entre genitales o a un acto de simple procreación, perdemos de vista lo integral que es. Cuando perdemos consciencia de nuestra sexualidad, vivimos a la merced de su capricho; nos vence cuando podría energizarnos, propulsarnos, deleitarnos e inspirarnos.

Al ser la sexualidad una emoción tan poderosa, hay un intento de ámbito cultural igualmente poderoso de controlarla y frenarla. Un método principal de control es a través de emociones como la culpabilidad y el miedo, a menudo fuertemente asociados con la sexualidad y su expresión. La sexualidad en un lado de la balanza y la culpabilidad y el miedo en el otro, se oponen intensamente en una confrontación paralizante. Bajo esta influencia opuesta, la gente se hiela y se seca sexualmente.

Pero debido a que la sexualidad es un sentimiento tan fuerte, se abre camino entre esta supresión a la que muchos hombres someten sus emociones. En consecuencia, los hombres están bien familiarizados con ella, aun cuando sean sordos a las emociones menos poderosas de los demás. Comenzando en la adolescencia, cuando parece eclosionar de repente, la sexualidad es el sentimiento del que más conscientes somos; es la emoción que con más fuerza se impone sobre nosotros y pide una respuesta. Normalmente permanece así hasta los setenta o los ochenta, incluso cuando parece haber desaparecido de nuestras vidas temporalmente y no afectarnos de ninguna manera (o al menos eso creemos). Por eso los hombres que pueden no estar en contacto con la mayoría de sus otras emociones (excepto quizás el enfado) pueden aun así ser agudamente conscientes de sus deseos sexuales.

ESTAR «ENAMORADO»

Casi igual que la sexualidad en intensidad y por tanto en capacidad de abrirse camino a través de la reticencia masculina a sentir, es el estado de estar «enamorado». Estar enamorado y simplemente querer son dos experiencias emocionales diferentes. La primera es mucho más poderosa que la última, aunque ambas están indudablemente relacionadas. Estar enamorado es una condición de consciencia alterada, basada probablemente en un cambio hormonal de la química corporal, que buscamos por su belleza, y tememos por su capacidad potencial de hacernos daño. Similar a una experiencia prolongada con las drogas, algunos cínicos observadores de la condición humana, han diagnosticado el enamoramiento como un estado de locura temporal. Cuando estamos enamorados, todo nuestro ser reside en la experiencia amatoria; uno está ciego y a la vez lo ve todo, y a todo da color el sentimiento amoroso con su fulgor.

Cuando estamos enamorados, la percepción de la persona amada se ve realzada y distorsionada como en un sueño, extraño, pero maravilloso. La seguimos mientras se mueve por el universo y nos da un vuelco el corazón cuando vuelve a nuestro campo de visión. Su presencia nos atraviesa como una corriente eléctrica que converge en nuestro corazón y lo inflama con su sentimiento. Constantemente tenemos destellos de nuestro amor, que brillan como las caras de un diamante. Estar enamorado es una locura, una lupa de aumento, un caleidoscopio, una flecha penetrante, una zambullida desde lo alto de una roca en un lago profundo, como planear por el aire con los ojos cerrados. Estar enamorado, con toda probabilidad, es un estado en el que amor y sexualidad están entremezclados en una experiencia poderosa que nos deja alucinados.

Cuando estamos enamorados la «química sexual» es a menudo más obvia. Nuestro interior se derrite; vemos extrañas luces y auras; el olor del otro es completamente delicioso: almizcle, hoja de pino, naranjas, heno recién cortado. Quienes están enamorados son extraños entre la gente común, alternativamente maravillosos e irritantes en su comportamiento extático. Uno sólo puede esperar pacientemente a que inevitablemente regresen del paraíso y recobren la razón. Cuando los amantes por fin vuelven —normalmente entre seis meses y dos años después— con suerte se amarán el uno al otro. Pero a menudo no es así, lo que parece demostrar que estar enamorado no es sólo un caso de amor intenso. A menudo aquellos que hace poco estaban enamorados parecen no amarse en absoluto, y más bien parece que se desagradan mutuamente. Todo ello parece confirmar la teoría de que la gente enamorada está temporalmente enajenada.

¿Deberíamos evitar «enamorarnos» debido a sus obvias trampas? Parece que muchas personas lo hacen, hombres en su mayoría. Tememos la pérdida radical de control, la vulnerabilidad, la forma en que interrumpe nuestras obligaciones. Y sin embargo, la vida emocional del hombre no está completa hasta que se ha enamorado profundamente y, según algunos, hasta que le han roto el corazón. Sólo entonces conocerá la experiencia amorosa como para poder amar adecuadamente en la siguiente ocasión. Por eso cuando la mujer se pregunta si puede confiar en la declaración de amor del hombre, puede ser un buen consejo recomendarle que se entere de si alguna vez le han roto el corazón. Si es así, y quiero decir que de verdad le hayan roto el corazón (un dolor sentimental profundo y duradero al menos seis meses, seguido de un año de recuperación), se puede confiar en que él comprenda de qué va estar enamorado.

AMOR

De acuerdo con la ciencia médica, el corazón es un músculo que bombea sangre. Pero el corazón es también el punto corporal en el que se concentra el amor. Que el corazón está conectado con el amor parece ser del conocimiento general de poetas y amantes. Este conocimiento está basado en el hecho de que «sentimos» el amor en nuestros corazones y pecho. Pero de nuevo, como en el caso de la sexualidad —en el que la fuente no es sólo el pene o el clítoris— toda el área del pecho es fuente de la energía amorosa; de hecho, el amor se puede sentir por todo el cuerpo.

En contraste con la naturaleza física, quizá bioquímica, de las experiencias sexuales y del enamoramiento, el amor simple y común a largo plazo palidece en comparación. Y aún así, ese amor es la fuerza más poderosa del mundo. El amor y el enamoramiento son objeto de interés y fascinación universales, probablemente porque todo el mundo quiere que le amen y la mayoría de nosotros sentimos que no somos amados. La mayoría de la gente quiere encontrar un amor seguro, duradero y recíproco, y eso es difícil de conseguir. Una razón importante es que no se enseña a amar excepto mediante el ejemplo, y los ejemplos de que disponemos no siempre son muy buenos. Otra razón es que el amor es suficientemente poderoso como para asustar a la gente, porque es una energía que vincula a largo plazo. Una vez que nos permitimos amar a alguien, estamos atados a esa persona, a sus necesidades, a su sufrimiento, a su vida y a su muerte. Amar es dolor cuando les hieren, temblar cuando temen, sucumbir cuando mueren. Es imposible ignorar los anhelos y el dolor de aquellos a quienes amamos, así que a veces cortamos con ellos, no sea que su dolor y sus necesidades se hagan nuestras. El compromiso que supone el amor duradero nos da miedo y nos frena.

Hay que distinguir el amor de la sexualidad, especialmente los hombres, para quienes el sexo como impulso a menudo hace sombra o se hace pasar por amor. Mientras que el amor crece y mengua lentamente y de forma estable, los sentimientos sexuales fluctúan con más frecuencia y potencia. Somos mucho más conscientes de la ascendencia y caída de los sentimientos sexuales que de los cambios en nuestro corazón. Los hombres y las mujeres tienen formas diferentes de experimentar el amor y la sexualidad.

Los hombres tienen sentimientos sexuales omnipresentes, a veces asociados a sentimientos de amor, mientras que las mujeres tienen sentimientos omnipresentes de amor, a veces combinados con el sexo. En otras palabras, los hombres pueden practicar sexo sin amor más fácilmente que las mujeres, mientras que las mujeres pueden amar sin practicar sexo más fácilmente que los hombres. Esto explica la queja común de las mujeres cuando practican el sexo con un hombre y se enamoran de él, y él no les corresponde con sus favores. Es necesario que los hombres sepan esto, pero no que se sientan mal por ello; es un simple exponente de que el amor y el sexo están separados y son sentimientos diferentes, que uno puede ocurrir sin el otro, y de que los hombres y las mujeres son diferentes.

El problema, cuando se convierte en un problema, se debe a la diferencia entre lo que quiere el hombre y lo que quiere la mujer. Si comparamos la ascendencia y caída de la sexualidad con las olas de un océano, el amor es la marea. Cada ola trae consigo un sutil incremento o decremento de la marea. Cada ola viene y va con un rugido impresionante, pero la marea se mueve lenta, imperceptiblemente. De forma similar a la marea, nuestros sentimientos amorosos hacia la gente se mueven lentamente; lleva tiempo amar a alguien completamente, y lleva tiempo perder el sentimiento amoroso.

El amor, como el sexo, se siente como un fluido, pero se experimenta más como un líquido que llena, desborda, o lamentablemente, se seca. Cuando fluye, fluye con facilidad, como si bajara por una leve pendiente; se arremolina en el pecho e inunda la mente con tiernos pensamientos de abrigo. Mientras que los sentimientos sexuales y de enamoramiento pueden desarrollarse de un día para otro, la experiencia amatoria se construye sobre la base de experiencias compartidas a lo largo del tiempo: altibajos, muertes, nacimientos; los momentos significativos acumulados estando juntos. De la misma forma se puede destruir con el tiempo; se puede erosionar hasta hacerla desaparecer, con pequeñas y grandes crueldades, malentendidos y percances desafortunados que forman parte de la lucha emocional cotidiana.

IRA, TRISTEZA Y MIEDO

Siguiendo con esta exploración de los sentimientos, el amor y el sexo no son los únicos sentimientos que tenemos que gestionar. Las llamadas emociones negativas —ira, tristeza, miedo— son emociones que el hombre también tiene dificultad en admitir. Estos sentimientos son comunes a todo aquel de cuyo amor se haya abusado, sea hombre o mujer. El hombre especialmente, tiene estas emociones cuando la mujer rechaza sus avances sexuales, que es un acontecimiento cada vez más común a medida que las mujeres se dan cuenta cuando no les apetece y obtienen la posibilidad de rechazarlo.

En *El informe Hite sobre el hombre y la sexualidad masculina*, de Hite, los hombres responden a la pregunta «¿Le gustaría cambiar el sexo en alguna faceta? ¿Ha sido el sexo todo lo que usted quería, o hubiera querido algo más?». Me emocionaron mucho los fuertes sentimientos que los hombres expresaban, desde luego los más fuertes en todo el estudio. Los hombres se mostraban lastimeros, estaban dolidos, eran despectivos consigo mismos y estaban enfadados.

«Supongo que soy un cerdo». «He suplicado, rogado, he intentado convencer, pero nada ha funcionado». «Encajo en el estereotipo de hombre estadounidense, sobresexuado e infrafollado». «En cierto sentido me siento como si estuviera obsesionado con el sexo, como una especie de maníaco, y eso me rebaja». «Me sentí totalmente fuera de lugar e inútil». «Es asqueroso acudir a la masturbación cuando estás durmiendo con una mujer todas las noches». «Siento que a veces usa el sexo como arma». «A veces doy la impresión de odiar a las mujeres, me siento engañado cuando veo que alguien me dice alegremente que "No" cuando más necesitado estoy». «A veces, la única forma de poner fin a la frustración es decir "Al diablo"».

Otras preguntas reveladoras eran «Normalmente, ¿es usted quien hace el avance sexual? ¿Cómo se siente al respecto? ¿Cómo se siente si la otra persona no quiere practicar el sexo con usted?». De nuevo las respuestas estaban llenas de dolor y auto desprecio:

«Me siento bastante dolido, mi autoestima baja considerablemente». «Me enfado». «Me siento rechazado». «Detesto hacer avances sexuales. Me hace sentirme vulgar y grosero». «Normalmente me siento como un gilipollas». «Si me rechazan, me siento como un completo idiota. Siento como si debiera disculparme y escabullirme a una esquina, como el guarro libidinoso que debe pensar que soy». «¡¡¡Lo odio!!!». «Me siento avergonzado, enfadado, dolido».

Está claro que nos encontramos ante un problema serio y muy extendido. El hombre quiere más sexo y la mujer quiere más sentimientos. Si el hombre tuviera que decir cómo se siente, probablemente sería furioso, dolido o autoflagelado. En mi opinión, este dolor y enfado omnipresentes son el origen emocional de la violación y otras formas de violencia contra las mujeres. Cuando un hombre se siente privado —por las mujeres o por la vida en general— puede decidir en un momento de furia misógina vengarse en un miembro del «sexo opuesto».

Cuando la mujer dice que quiere que el hombre comparta sus sentimientos, no son esos sentimientos de amargura y odio potencial lo que tiene en mente, probablemente. Los sentimientos que anhela son sentimientos de amor, ternura y afecto. Pero el enfado masculino es a menudo la primera emoción (después del sexo) al que la mujer está expuesta. ¡No es sorprendente que hombres y mujeres alcen las manos con desesperación!

Pero no todo está perdido. Pues leyendo otra parte de *El informe Hite sobre el hombre y la sexualidad masculina*, de Hite, encontraremos que el hombre tiene otras emociones más vulnerables, y muchas. Cuando se les pregunta «¿Por qué le gustan las relaciones?» la mayoría de los hombres que respondió dijo la cercanía física y el contacto corporal total —el abrazo en toda la longitud del cuerpo— como el elemento físico más importante, mientras que la razón psicológica/emocional que la mayoría de los hombres daba para que les gustaran y quisieran tener relaciones, eran los sentimientos de sentirse *amados y aceptados* (la cursiva es mía) que las relaciones les proporcionaban.

«Me encanta la cercanía que proporcionan las relaciones». «Estar acostado sobre ella y sentir su cuerpo contra el mío, con su calor, y sentir su vientre suave contra el mío; la anhelo sólo de pensarlo». «El estar cerca del otro es más importante que el orgasmo». «Me gustan las relaciones por todo el contacto humano». «Me hacen sentir valorado». «Me hacen sentirme limpio y completo, parte de la vida, no un mero vagabundo». «El final de la soledad». «Saber que eres amado, saber que puedes amar». «Es el momento en el que siento que ella me ama por completo». «El sentimiento de que a alguien le gustas lo suficiente como para darte su cuerpo». «Con mi polla muy dentro de ella me siento totalmente seguro y amado». «Las relaciones me hacen sentir psicológicamente aceptado». «Me dice que me quiere. Me da confianza». «Me permite expresar sentimientos de afecto, calidez, ternura y agradecimiento a las mujeres».

Hite concluía que,

Los hombres desean el sexo y las relaciones porque proporcionan un lugar para ser emocional. Debido a nuestra educación y cultura, los hombres anhelan el abrazo genital porque pone fin, de una forma que no podemos lograr en otro lugar, a nuestro profundo deseo de amor.

Cuando los hombres persiguen el sexo obsesivamente, es porque esta es la única experiencia disponible mediante la cual podemos ventilar nuestros propios sentimientos de intimidad y aceptación. No es sorprendente que nuestra búsqueda sea tan implacable, y que cuando nos vemos frustrados sintamos tal enfado y humillación. El hombre, al igual que la mujer, anhela la cercanía emocional, pero está movido biológicamente por la penetración. Así que la cercanía y las relaciones a menudo devienen la misma cosa.

Dicho esto, que nadie que lea estas palabras las interprete como una disculpa por el comportamiento a menudo cruel en la búsqueda del sexo, y menos por la hostilidad y la violencia que los hombres contrariados infligen a las mujeres cuando se sienten rechazados. Es más bien una articulación de nuestros propios sentimientos, en el sentido de que mientras que no se nos debería condenar por tener tales emociones, merecemos ser condenados cuando actuamos basándonos en ellas de forma hiriente y abusiva.

La educación emocional requiere tiempo y esfuerzo, pero la primera lección es aprender a decir «Te quiero» cuando sentimos amor, y a continuación gestionar nuestra ira, miedo, y tristeza de forma sincera y responsable.

6. EDUCACIÓN EMOCIONAL

La educación emocional, o la capacidad de comprender y gestionar las emociones, es una habilidad que las mujeres valoran mucho cuando está presente en los hombres. El hombre emocionalmente analfabeto no conoce sus propias emociones, su intensidad ni su causa. No tiene control sobre la medida en que sus emociones se expresan por sí mismas. No es consciente de la magnitud de los sentimientos de los demás ni de qué los causa. Y cuando los demás se expresan emocionalmente, no sabe qué hacer. No es capaz de comunicar sus emociones y no sabe qué hacer cuando éstas le desbordan.

El hombre emocionalmente consciente sabe que experimenta una variedad de emociones y en una variedad de intensidades. Sabe lo que siente y por qué. Por ejemplo, cuando tiene miedo, sabe que tiene miedo, sabe si está levemente preocupado o si está aterrorizado, y sabe por qué. También sabe cómo aclarar estos sentimientos a los demás, y también cómo y cuándo expresarlos de la forma más productiva. Cuando trata con alguien que no está siendo franco respecto a sus sentimientos, sabe cómo hacer las preguntas adecuadas para obtener, con tacto, más información sobre lo que está pasando con esa persona en el plano emocional. Sabe el efecto de la combinación de sus emociones con las de la otra persona, y es capaz de evitar esas situaciones en las que los sentimientos se intensifican catastróficamente. Por otra parte, también sabe cómo las emociones de la gente pueden combinarse de manera armoniosa y positiva y cómo hacer que eso ocurra.

Algunos tienen una arraigada resistencia a gestionar las emociones. Después de algunos meses trabajando conmigo, un hombre me decía reflexionando sobre la educación emocional que le habían dado en su casa:

Cuando era niño recuerdo estar orgulloso de actuar como mi padre y no como mi madre. Incluso recuerdo imitar cómo se sentaba impasible cuando mi madre le montaba una escena con lágrimas. Después, en el servicio militar, estaba orgulloso de ser muy calmado, no frío como algunos, pero sí calmado. Todos despreciábamos a los tipos que se mostraban emocionados.

Cuando la tranquilidad y la lógica prevalecen en el nivel público y abierto, las interacciones parecen «civilizadas» y «maduras». Pero apenas escondidas bajo la superficie, las emociones continúan existiendo y afectan a nuestra vida sin nosotros saberlo. Cuando las emociones reprimidas y contenidas distorsionan el pensamiento y la comunicación, producen un comportamiento errático, e incluso crean síntomas físicos tales como dolores de cabeza, de espalda y de estómago, así como enfermedades crónicas como artritis, úlceras, colitis, estreñimiento e hipertensión. Es probable que las enfermedades del corazón y algunos tipos de cáncer también se puedan ver afectados como resultado de sentimientos inadecuadamente expresados, y lo mismo puede ocurrir con la depresión o la adicción a las drogas.

Los hombres a menudo menosprecian y niegan sus emociones, pero siempre hay un precio cuando negamos nuestros sentimientos. Cuando los acontecimientos nos asustan o nos entristecen profundamente y no podemos llorar, esa tristeza y ese susto se convierten en el cimiento de nuestra personalidad y puede convertirnos en muertos vivientes siempre deprimidos, ansiosos y sin alegría; este hecho se está reconociendo finalmente en lo que respecta al trauma de los veteranos de nuestras guerras.

Las emociones no están disponibles para los analfabetos emocionales, pero el poder sí lo está. No ser consciente de los sentimientos y no preocuparse por ellos da a la gente una ventaja cruel sobre otros que se refrenan por escrúpulos llenos de empatía. Y cuando aquellos que no tienen sentimientos adquieren poder, como tan a menudo ocurre, nos someten a los demás a su juegos de control y poder y a su violencia. Cuando los analfabetos emocionales habitan los pasillos del poder y dominan gobiernos enteros, amenazan a la ciudadanía con el Apocalipsis: Guerra, Muerte, Hambre y Enfermedad.

QUÉ SENTIMOS Y POR QUÉ

Para tener una educación emocional debemos saber qué es lo que sentimos, así como cuáles son las causas de nuestros sentimientos. No es suficiente con saber que nos sentimos muy o medianamente enfadados, culpables, contentos, o enamorados; también es necesario saber el origen de nuestro enfado, qué causa nuestra sensación de culpabilidad y por qué estamos enamorados.

Nuestras emociones primarias son pocas; tristeza, miedo, odio, sexo, alegría, amor, esperanza. Podemos dividir las emociones en positivas y negativas, dependiendo de que las busquemos o las evitemos porque nos proporcionen placer o dolor. Cuando dos o más emociones primarias ocurren simultáneamente, se combinan tonalidades emocionales secundarias. El amor puede concurrir con el miedo o incluso con su contrapuesto, el odio. Cuando se añaden más emociones, puede darse una experiencia tan turbia que genere caos y confusión. Los celos son con frecuencia tal mezcla de emociones —enfado, miedo, vergüenza, amor, deseo sexual– que pueden parecer incomprensibles e inmanejables.

Cada una de las emociones mencionadas tiene manifestaciones fuertes y débiles. Por ejemplo, el enfado puede ir de la mínima irritación a la ira ciega. El miedo puede ir de la leve aprensión al terror. El amor puede ir desde el aprecio a la pasión. Los analfabetos emocionales sólo son capaces de reconocer sus emociones cuando éstas están en el extremo más intenso del espectro. El hombre, por ejemplo, está a menudo completamente ajeno a las formas leves de enfado o es incapaz de hablar de ellas. Y aun así cuando está suficientemente enfadado, expresa su enfado y sabe que lo está sintiendo. Lo mismo se puede decir de la conciencia masculina sobre su capacidad de expresar sentimientos amorosos. Los hombres tienen tendencia a sentir amor sólo cuando éste está en el extremo más intenso del espectro, y a sentirlo muy intensamente pero, cuando mengua, de pronto se encuentran completamente desenamorados.

Excepto en ciertos momentos dramáticos, experimentan la vida como racional y exenta de emociones. Para ellos las emociones son algo que normalmente les ocurre inesperadamente. En ocasiones experimentan estallidos de una emoción irreprimible que consideran impredecible, interrupciones realmente indeseadas en su vida diaria, y no son conscientes de la constante interacción de emociones bajo el nivel de consciencia que constituye la causa de estos arrebatos.

Un hombre enamorado de una mujer que está siendo poco franca respecto a su afecto por otro hombre puede, pasadas unas semanas o meses, explotar de pronto en un ataque de celos. El sentimiento cegador que le invade es una combinación de varias emociones fuertes: de amor y de enfado porque ella le ha tratado de forma injusta, de celos porque siente que ella está dando su amor a otro y de tristeza por su impotencia. Experimentará todo esto junto, como un caos emocional amorfo y abrumador que probablemente quiera suprimir por su naturaleza aparentemente inmanejable.

Si hubiera tenido educación emocional, habría notado los sentimientos varias semanas antes, y en vez de esconderlos los habría expresado. Hubiera conocido los sentimientos específicos implicados así como su intensidad y cómo se combinaban entre sí. Es decir:

- Está muy enamorado,
- Está triste y enfadado porque no consigue la atención de ella,
- Sospecha la relación de su amada con otro, y

- Estas tres experiencias se combinan convirtiéndose en celos.

Si hubiera sabido todo esto, puede que hubiera sido capaz de expresar estos sentimientos antes, cuando su nivel de intensidad era mucho menor. Si lo hubiera hecho, ella hubiera podido cambiar el curso de sus acciones: podría haber sido más consciente de que él de verdad la quiere. Hubiera podido decidir ser más honesta y aclararle sus sentimientos respecto a él. De una forma o de otra, el que él expresara sus sentimientos hubiera hecho menos probable la erupción incontrolable y también la hubiera alertado a ella sobre sus sentimientos, de forma que podría haber hecho algo al respecto. Pero, ¿cómo iba él a determinar estos hechos emocionales cuando para empezar ni siquiera sabía cuáles eran en realidad sus sentimientos?

EDUCACIÓN EMOCIONAL

Es importante recordar que el estar en un entorno emocional en el que la gente aplauda y apoye el aprendizaje de estas habilidades es una condición indispensable en la educación emocional.

Hay una fuerte tendencia en nuestra cultura a denigrar el aprendizaje de las habilidades emocionales, especialmente en los hombres. El hombre que quiera aprender sobre estas cuestiones no va a recibir mucho apoyo en su vida cotidiana. Aprender educación emocional en un entorno con tan poca empatía como el nuestro es difícil.

Por lo tanto, un primer paso muy importante es encontrar tal entorno. Los amigos, la pareja, grupos de la iglesia, grupos de apoyo para hombres, un taller de educación emocional o el apoyo de un grupo de terapia pueden suponer un buen respaldo para los hombres que quieran aprender educación emocional. También hay situaciones en las que familias completas y grupos de de personas, como comunidades religiosas o étnicas, están abiertas al diálogo emocional; tales entornos de colaboración son ideales para aprender educación emocional.

Un amante cuidadoso y protector puede ser de ayuda, claro, pero no debería ser el único apoyo, pues la educación emocional puede ser agotadora para el maestro. Sería buena idea evitarle la tensión a ella, buscando un sistema de apoyos amplio, en amigos, conocidos, un terapeuta quizá, un miembro de la familia en el que confiemos, etc. Esto permite a la persona amada ayudar sin ser una parte central del proceso.

Como cualquier otra habilidad compleja, la educación emocional lleva tiempo y paciencia. Lo ideal sería adquirirla en la infancia, en un entorno emocionalmente educado. Cuando no es así, como ocurre generalmente, surgen varias complicaciones. Primero, cuando el aprendizaje no se ha dado a la edad apropiada para su desarrollo es más difícil. Segundo, al no desarrollar la habilidad, el niño probablemente haya aprendido malos hábitos que habrá que desaprender antes de que pueda haber aprendizaje. Cuando la gente aprende a tocar un instrumento o a escribir a máquina o a leer por su cuenta, a menudo tienen que pasar un periodo difícil para deshacerse de hábitos contraproducentes antes de que se pueda dar un aprendizaje posterior efectivo. Esto también es así en el caso de la educación emocional; es más difícil adquirirla más adelante en la vida y requiere desaprender ciertos malos hábitos emocionales que interfieren con la misma. Sin embargo, aunque sea difícil, la tarea no es desde luego imposible si hay deseo y resolución. Para aquellos que quieran saber más del tema, he diseñado un programa de Formación en Educación Emocional que elaboro en mi libro *Educación emocional.*[*] El siguiente capítulo es un breve esbozo de las ocho transacciones que forman la base de la educación emocional.

---

[*] Publicada por Editorial Jeder la traducción al español de su versión original más actualizada, abril de 2011. *(N. del E.).*

7. OCHO TRANSACCIONES QUE MEJORAN NUESTRA EDUCACIÓN EMOCIONAL

Aquí planteo algunos ejercicios transaccionales simples que fraccionan el proceso de la educación emocional, paso a paso. Son como los ruedines en la bicicleta de un niño, que ayudan a dominar una tarea complicada.

Las ocho transacciones básicas son:

1. Pedir permiso para hacer una declaración con carga emocional.

2. Dar, pedir o aceptar una caricia.

3. Hacer declaraciones sobre acciones o sentimientos, en las que informamos a otra persona de cómo nos sentimos en relación con algo que hizo, sin juzgar o acusar.

4. Aceptar, sin ponerse a la defensiva, la declaración de otra persona sobre cómo les han hecho sentir nuestras acciones.

5. Hablarle a otra persona acerca de nuestra intuición, teoría o sospecha sobre lo que está haciendo o por qué lo hace.

6. Validar la intuición, teoría o sospecha de otra persona, investigando qué hay de verdad en ellas, en lugar de negarlas.

7. Pedir disculpas cuando cometemos un error.

8. Aceptar disculpas.

1. Pedir permiso. Cuando estés planeando decir algo relacionado con tus emociones, sean positivas o negativas, es importante preparar a la persona, preferiblemente especificando lo que estás a punto de decir.

Ejemplo: «¿Puedo decirte algo que me gusta de ti?» o «Siento algo que últimamente me hace infeliz. ¿Puedo decírtelo?» o «Hay algo entre nosotros que me preocupa. ¿Estás interesada en oír de qué se trata?»

Cuando le pedimos permiso a alguien para hablar de esta forma, estamos a) dándole un aviso de que algo posiblemente difícil se avecina y dándole la oportunidad de que se prepare y esté listo para escuchar, o b) dándole la opción de negarse a tratar el tema si no está listo y no quiere. Cuando seguimos este proceso, nos estamos asegurando de que nuestras declaraciones caigan en suelo fértil y tengan la oportunidad de generar respuestas productivas. Tenemos que estar dispuestos a aceptar que la elección del momento para hablar puede no haber sido buena y a esperar a un momento mejor. También estamos evitando, en la medida de lo posible, sentimientos de culpabilidad, posturas defensivas y de enojo en la otra persona.

2. Caricias. He cubierto este aspecto de la educación emocional —dar, pedir y aceptar caricias— en el Capítulo 4.

3. Hacer una declaración de acción/sentimiento. Esta declaración describe de una forma simple y comprensible en una frase, la emoción que ha ocurrido en conexión con la acción de otra persona. «Cuando tú [acción], yo sentí [emoción]». Esta declaración está diseñada para informar a la persona de una emoción o emociones que has tenido en asociación con su comportamiento. Está diseñada para no provocar sentimientos de culpabilidad o actitudes defensivas porque no contiene ningún juicio, acusación o reproche.

Una declaración de acción/sentimiento simplemente declara que una acción verificable tuvo como resultado un sentimiento innegable. Por ejemplo:

Juan: «Cuando anoche terminaste nuestra conversación por el teléfono, primero me sentí dolido, y después enfadado».

Asumiendo que María esté de acuerdo en que colgó el teléfono ayer, y que ella comprende cómo se siente Juan (dolido y enfadado), esta declaración ha tenido éxito en su propósito: proporcionar a María la información sobre cómo se sintió Juan anoche cuando ella colgó. Es la forma de Juan de hacerse oír y de expresar sus sentimientos de una forma que no haga daño ni sea insultante para María.

Se pueden cometer varios errores al expresar una declaración de acción/sentimiento.

Error A: Confundir Acción con Motivación.

Cuando intentamos describir una acción, es posible que vayamos más allá de la simple declaración, como «Cuando colgaste el teléfono», o «Cuando llegaste tarde», o «Cuando me interrumpiste», y añadir un juicio como en «Cuando me colgaste tan groseramente», o «Cuando me humillaste llegando tarde», o «Cuando al interrumpirme mostraste tu desprecio por mi opinión». Uno incluye información de una naturaleza completamente diferente a la descripción de una acción. Estos juicios constituyen una teoría sobre la motivación de la otra persona y un juicio sobre esas razones. Estas elaboraciones probablemente causen problemas porque pueden ser incorrectas y porque juzgan y culpan, creando un sentimiento de culpabilidad, enojo y otras complicaciones que queremos evitar con este ejercicio.

El paso Número 5, que se esboza más abajo, está diseñado para expresar estas intuiciones y miedos sobre las motivaciones de la otra persona, y fantasías paranoides. Pero éstos no deben incluirse en las declaraciones de acción/sentimiento para no nublar el paisaje emocional.

Error B: Confusión de Sentimientos y Pensamientos.

Al intentar expresar un sentimiento, con frecuencia nombramos un pensamiento en su lugar.

Por ejemplo: «Cuando interrumpiste nuestra conversación, sentí que estabas muy enfadada», o «Cuando interrumpiste nuestra conversación, sentí que no estabas interesada en lo que yo tenía que decir».

Éstos no son sentimientos en absoluto; son pensamientos, teorías sobre lo que le pasaba a la otra persona en ese momento. Un sentimiento sería ira, miedo o tristeza, en diferentes grados.

Una versión más sutil de esta confusión sería una declaración del tipo: «Cuando interrumpiste nuestra conversación, me sentí rechazado», que también es un error.

Sentirse rechazado no es en realidad una declaración de un sentimiento. Y no da una idea de lo que sentías. ¿Estabas enfadado? ¿Estabas triste? ¿Estabas desesperanzado? Cuando dices que te sientes rechazado, estás diciendo que la otra persona te rechazó, y estás estableciendo una teoría sobre la motivación de la otra persona; un deseo de rechazarte. Una teoría sobre las acciones de la otra persona puede ser errónea, pero nadie puede rebatirte si dices que experimentaste un determinado sentimiento, asumiendo que estés siendo sincero.

4. Aceptar una declaración de acción/sentimiento. Para que la comunicación emocional educada sea efectiva, tiene que ser recibida igual que tiene que ser enviada. Uno puede preguntarse por qué deberían importarle a María los sentimientos de Juan. Uno puede decirse que este tipo de revelaciones son autocomplacientes e inmaduras. Pero eso sería tanto como menospreciar los sentimientos de Juan, y ya sabemos qué tipo de problemas causa el ignorar los sentimientos de la gente. Un receptor emocionalmente educado toma buena nota de la emoción y de cuándo y por qué ocurrió. Puede que María ya sepa que Juan estaba enojado o dolido, o quizá le sorprenda. Puede que comprenda por qué se siente así, o que le resulte desconcertante. Es entonces cuando ella puede comenzar el proceso del diálogo emocional en el que se da un reconocimiento apropiado a los sentimientos. Al hacer esto, María se entera de cuál es la respuesta de Juan a cada situación, y le da la oportunidad de deshacerse del sentimiento desagradable.

En el caso de María y Juan, es suficiente con que María reconozca explícitamente que sí, que comprende que cuando ella dejó de hablar, Juan se sintió enojado y dolido. Este reconocimiento puede hacerse mediante un gesto de asentimiento o diciendo «Ya veo, ya te entiendo», o «Comprendo que cuando finalicé la conversación te sentiste dolido, y después enojado».

Error C: Actitudes defensivas y sentimiento de culpa.

El peligro siempre presente de ser el receptor de las declaraciones de acción/sentimiento de otra persona es el sentimiento de culpa y la actitud defensiva, especialmente si han sido formuladas de forma imperfecta.

«Creí que ya habías acabado de hablar; por eso quería colgar», o «¿Grosera? ¿Qué hay de grosero en terminar una conversación? Tú estabas siendo grosero hablando y hablando de tus problemas con Ana», o «¿Enojado? Tienes mucha cara al decir que estás enojado. Yo debería estar enojada por perder el tiempo», y así.

Estas respuestas están fuera de lugar. Lo primero es lo primero. Si María siente que ha habido un malentendido, o se siente culpable o enfadada, puede hablar de ello más adelante. Ahora lo que importa son los sentimientos de Juan, no los de María. Es una simple cuestión de turnos. Primero, es importante que María se dé por enterada de lo que Juan sintió cuando ella quiso dejar de hablar. Después, podrá hablar sobre cómo se sintió ella.

A veces es difícil no estar a la defensiva. Requiere morderse la lengua y cargarse de paciencia y tolerancia. Pero merece la pena hacerlo por el bien de la continuación del diálogo pacífico. Enfría la potencial escalada emocional en la conversación y da la oportunidad de que la empatía emerja. Y más importante aún, es lo único que en justicia se puede hacer cuando un amigo o la persona amada sufren una angustia emocional.

5. Expresar las intuiciones. En nuestra vida diaria estamos constantemente intentando comprender el comportamiento de los demás. Cuando no hay buena comunicación nos vemos obligados a inventar teorías y adivinar qué les pasa, usando nuestra intuición y la información disponible. Normalmente no nos dirigimos a la persona en cuestión e investigamos por qué hace lo que sea que esté haciendo. Y eso es porque no sabemos cómo preguntar y porque no confiamos en obtener una respuesta sincera si lo hacemos.

Detrás del pesar y el enojo de Juan porque María terminara la conversación hay miedo, quizá la asunción de que a María no le gusta. Una vez que haya declarado cómo se sintió y cuándo, podría a continuación (después de pedir permiso) expresar esta intuición de la siguiente forma:

«Creo que no te gusto, que estás enojada conmigo».

Así se declara de forma objetiva una intuición acerca de lo que la otra persona piensa o siente. Se expresa con cautela, no como un hecho, sino como una intuición que puede ser equivocada o mal concebida. La intuición puede ser incorrecta, pero es real porque existe en la mente del que la expresa. Su realidad tiene que ser reconocida, y su veracidad debe ser evaluada. Ya que las intuiciones rara vez se equivocan completamente, esto da al receptor la oportunidad de buscar en su conciencia y ver si hay algo de verdad en ellas. Nuestra intuición es una herramienta de percepción de la realidad muy poderosa. Somos conscientes de muchas cosas de las que no se habla, o a las que se les resta importancia o que se niegan. Cuando percibimos algo y se nos niega, tenemos dos opciones. Podemos olvidar aquello sobre lo que nuestra intuición nos llamó la atención, o si somos testarudos y no abandonamos tan fácilmente, podemos persistir en nuestra idea. Si seguimos obteniendo negaciones y rechazos a nuestras intuiciones, nuestros esfuerzos para averiguar lo que está ocurriendo, nos pueden alejar igual del objetivo, especialmente si tenemos una imaginación activa. Como ejemplo, de la simple intuición de Juan:

«María está disgustada» a

«María está disgustada conmigo», a

«María está furiosa conmigo», a

«María me odia».

Ahora Juan necesita una razón para que María le odie. Habla con Nancy, la mejor amiga de María, quien aventura de un modo informal que quizá a María le pueda molestar que Juan aborde temas sexuales frecuentemente. ¡Eso es! concluye Juan: «María me odia porque cree que soy un cerdo machista».

Mientras tanto, María no tiene ni idea de lo que está pasando. De hecho, ha estado seca con Juan, pero era por cansancio, y por ansiedad acerca de otra llamada telefónica que estaba esperando y algo molesta con Juan porque no dejaba de hablar de sus problemas con Ana.

Así que la intuición de Juan (que María lo odia) tenía su pequeño grano de verdad (como suelen tenerlo casi siempre las intuiciones). Como consecuencia, cuando compruebe todo esto con María, ella podrá validar su experiencia hasta cierto punto. Pero supongamos que ella hace lo normal en estas circunstancias. Supongamos que cuando él le pregunta si ella está enojada con él, ella responde, «¿Enojada? En absoluto. Estoy bien. Me caes bien, Juan».

6. Responder a una intuición. La respuesta correcta y emocionalmente educada de María sería buscar el granito de verdad que hay en la intuición de Juan. A lo que me refiero cuando digo «granito de verdad» es a esa parte de la intuición que es correcta, en contraposición a la parte que está descaminada. Oír el grano de verdad que hay en su intuición proporciona una explicación que ayuda a Juan a no prestar atención a la parte que realmente es una fantasía paranoide: que

María le odia. Validar la porción de su experiencia que sí es correcta le ayudará a reconciliarse con la realidad.

Error D: Menospreciar una intuición.

La respuesta de María que hemos visto más arriba («Claro que no, me caes bien») por bienintencionada que sea, deja a Juan confundido. María insiste en que Juan le cae bien, pero ¿qué hay de su sensación de que algo va mal? Emocionalmente, este es un acontecimiento catastrófico. ¿Debería estar contento por caerle bien a María (o eso dice ella), o debería enfadarse porque ella niegue que algo vaya mal? ¿Puede confiar en ella? Eso basta para que la cabeza le dé vueltas; está hecho un lío y sus emociones son caóticas. La confusión y la sospecha aumentada son el resultado más común cuando se da este descuento. Por otra parte el descubrimiento de un fondo de verdad en una intuición tiene un efecto clarificador.

En cualquier caso, la respuesta anterior de María a la intuición de Juan no valida su experiencia. Él insiste: «De alguna manera pensaba que algo no andaba bien. ¿Estoy equivocado?».

Después de pensarlo, María sugiere: «Juan, en realidad estaba enojada cuando llamaste, pero no contigo, sino con Nana. Puedo que fuera eso».

Quizá Juan aún piense que esto no explica lo que él siente. Y sigue: «Bueno, eso no aclara mi intuición de que estabas enojada conmigo cuando hablamos, antes de que hablaras con Nana. ¿Pasaba algo mientras estábamos hablando?».

Esto hace que María lo reconsidere. Su molestia con Juan era menor, pero él tiene la manía de hablar y hablar por teléfono. Ya que él está dispuesto a oír la crítica, quizá ella pueda decírselo sin muchas complicaciones.

«En realidad, no, no estoy realmente enojada contigo. Pero cuando llamaste estaba cansada y esperaba otra llamada, y lo que querías hablar me irritaba un poco. Creía que te estaba dando pistas de que no quería hablar de Ana, pero no parecía que las pillaras. ¿Sabes a qué me refiero?».

La reacción de Juan es de alivio. Él estaba en lo cierto; algo pasaba. Resulta que María no está enojada con él, y ahora sabe cuál era el problema. Comprende sus sentimientos y los de ella en aquel momento y sabe de dónde surgen. Se da cuenta de que ha puesto a prueba su paciencia hablando y hablando sobre Ana. Ahora ya puede creerse de verdad que le caiga bien a ella. Los hechos de la situación y sus sentimientos encajan como las piezas de un rompecabezas. Él ya está bien; ha sido validado.

A veces toda la intuición es correcta.

«Sí, Juan, estoy enojada contigo; de hecho, no me has caído muy bien desde que te conocí».

Palabras duras sin duda, pero es mejor para Juan oírlas claramente expresadas que tener que vivir en un clima de confusión y potencialmente dañino. Quizá se enzarcen en una discusión sobre por qué no le cae bien a ella, o sobre su relación; su tendencia a hablar y hablar y la falta de habilidad de ella para dejar claro cuándo no quiere hacerlo más. O puede que no hablen más del tema y dejen de ser amigos. En cualquier caso, están a unos pasos del proceso de comprenderse mutuamente, y han evitado la proliferación potencial de la paranoia y la sospecha.

Para recapitular, en un diálogo emocionalmente educado, la persona que tiene la intuición de que algo pasa la expondrá después de pedir permiso, como una intuición sin confirmar, en busca de ser validada. La respuesta emocionalmente educada a tal intuición será una búsqueda veraz y la producción de un fondo de verdad que la valide.

Tanto si Juan obtiene una validación completa como si no, se sentirá mejor que cuando comenzó, aunque sólo sea porque lo ha intentado.

La capacidad de hablar de los propios sentimientos puede tener resultados espectaculares cuando hay problemas entre dos personas. Cuando ambas están comprometidas en una comunicación franca y cooperativa, sin juegos de poder ni mentiras, las situaciones más difíciles desde el punto de vista emocional pueden gestionarse rápido y de forma efectiva.

7. Disculparse. El siguiente paso está relacionado con el refinado arte de reconocer los propios errores y rogar que se perdone cualquier daño que hayamos podido causar.

La idea de pedir una disculpa sincera aterroriza al hombre común. Perder la cara, retirarse, morder el polvo, todo trae recuerdos de las peleas del recreo que nos ponían a prueba y nos preparaban para la edad adulta. Hemos aprendido que no ceder es de hombres, que retirarse es de débiles y que resulta humillante. Aun así, el hombre realmente educado emocionalmente admite sus errores y se disculpará si ha hecho algún daño. Ser emocionalmente educado desde luego va en contra del anticuado estereotipo de «ser un hombre». Cada vez que eliges comportarte de forma emocionalmente educada estás optando por convertirte en un tipo de hombre diferente, un hombre que reconoce y gestiona sus emociones.

¿Por qué nos disculpamos?

Sin ninguna duda, tenemos que disculparnos por nuestro comportamiento abusivo, persecutorio e iracundo. Pero hay otras acciones menos obvias, y que también son culposas y hacen daño a los demás. Éstas son el hacer de Rescatador y el hacer de Víctima. Rescatamos cuando:

• Hacemos algo que no queremos hacer, o
• Hacemos más de lo que nos corresponde en una determinada situación.

Hacemos estas cosas por aquellos a los que vemos como víctimas incapaces de ser responsables por sí mismos. A veces incluso rescatamos a gente que no espera ni quiere ser rescatada. A este tipo de comportamiento se le llama codependiente en el discurso de los doce pasos de Alcohólicos Anónimos; en análisis transaccional se llama Rescatar.

Estos tres papeles; Rescatador, Perseguidor y Víctima dispuestos en triángulo por Steve Karpman, constituyen el triángulo dramático. Estos papeles son melodramáticos, irreales y dependientes unos de otros —intercambiables— de tal forma que quien adopte cualquiera de ellos, como en una escena coral, pronto se encontrará en uno de los otros dos.

El Rescate es una fuente de mucho conflicto y puede arruinar relaciones y amistades. Los Rescates normalmente empiezan como un ejercicio de buena disposición a dar aquello que parece inofensivo. O puede provenir de un deseo de hacer siempre lo que se le pide a uno, ser siempre generoso y servicial. O puede ser el resultado de una actitud de superioridad según la cual se asume que una persona no puede cuidar de sí misma.

Cuando asumimos el papel de Rescatador hacemos cosas por gente a la que vemos como víctimas incapaces de hacer frente a sus propias responsabilidades. El destinatario de la generosidad mal guiada del Rescatador al final notará que el Rescatador hace cosas por él debido a un sentimiento de obligación. A muy poca gente le gusta que la vean como a una víctima; es lógico que cuando se dé cuenta de que se la está Rescatando, se sienta humillada y resentida.

El resultado inevitable del Rescate es el enfado; el enfado del Rescatador que se harta de hacer cosas que no quiere hacer o de hacer más de lo que en justicia le corresponde, y el enfado de la Víctima porque sean condescendientes con ella, como alguien que no puede cuidar de sí misma. Inevitablemente, el Rescatador finalmente Perseguirá a la Víctima, o la Víctima Perseguirá al Rescatador. Antes de que el telón caiga el enfado se extenderá libremente en todas direcciones.

Aunque quizá sea tentador cuidar de los demás, aunque pueda ser difícil decir que no, aprender a no Rescatar, y aprender a no Perseguir cuando hemos Rescatado es muy importante para cualquiera que quiera conservar y cuidar amistades y relaciones significativas.

El mejor medio para interrumpir este círculo y salir del melodrama es dejar de Rescatar y pedir disculpas, pero a veces es difícil dejar de Rescatar. Debido a que Rescatar significa hacer cosas que no quieres hacer, para dejar de Rescatar hay que aclarar lo que quieres y lo que no quieres. También tienes que decidir, a tu modo de ver, cuál es en justicia el esfuerzo que te corresponde en la relación.

- «¿Quiero continuar esta conversación?».
- «¿Quiero sexo?».
- «¿Quiero ayudar?».
- «¿Quiero cenar fuera hoy?».
- «¿Es justo que yo friegue los platos si María cocina, o debería también barrer el suelo?».
- «¿Es justo que yo tenga que tomar siempre la iniciativa en el sexo?».
- «¿Debería yo siempre pagar la cena cuando salimos? ¿Quiero hacerlo?».

La actitud correcta cuando descubrimos que hemos estado Rescatando es la de autocrítica más que la de enfado, de disculpa más que de acusación. Además, cuando hemos Rescatado y queremos parar, es importante hacerlo con una explicación suave y cuidadosa, más que con una retirada abrupta o enfadarse y usar un juego de poder.

Finalmente, desde el punto de vista del rol de Víctima, también merece la pena disculparse. La Víctima y el Rescatador son igualmente responsables de la transacción de Rescate. La Víctima es perfectamente capaz de rechazar que se la Rescate y tiene que disculparse por haber atraído y tolerado la Persecución y el Rescate.

8. Aceptar una disculpa. Una disculpa no está completa hasta que no ha sido aceptada. Cuando nos están pidiendo disculpas tenemos que considerar si somos capaces de aceptar la disculpa o si requiere tiempo, cambios de comportamiento o enmiendas de algún tipo para que seamos capaces de perdonar.

Con esto se completa la breve descripción de los ocho pasos que mejorarán la vida emocional del hombre al que le interese aceptar el reto de satisfacer las necesidades de las mujeres. De nuevo, en mi libro *Educación emocional* (Ed. Jeder, 2011) se cubre una descripción completa de la educación emocional.

Vayamos ahora al importante tema de la educación sexual.

8. CÓMO SER MEJOR AMANTE: EDUCACIÓN SEXUAL

Cuando, en la década de los ochenta empezaron a disiparse los tabúes sobre el tema de la sexualidad femenina que impedían que ésta se discutiera y no digamos que se escribiera sobre ella, la primera ola de la llamada «información experta», era ridículamente poco precisa. Las mujeres no tenían orgasmos, nos decían, o los tenían automáticamente cuando los tenían los hombres. Las mujeres perdían la cabeza en la lujuria y se hacían adictas a la masturbación y a la estimulación del clítoris, o estaban contentas meramente satisfaciendo a su hombre, sin requerir un orgasmo. Las teorías sobre la sexualidad abarcaban un amplio abanico de posibilidades, en direcciones contradictorias. No fue hasta el advenimiento del feminismo y más tarde la revolución sexual, cuando el estudio de la sexualidad femenina empezó a producir información más precisa y fiable.

LO QUE A LAS MUJERES LES GUSTA Y LO QUE NO LES GUSTA

Sobre este tema, una de las piezas de erudición más rompedoras fue *El informe Hite: Un estudio de la sexualidad femenina*, publicado en la década de los 80. Éste fue, y sigue siendo, una investigación excepcionalmente clarificadora de la experiencia subjetiva femenina del sexo con hombres. El libro es difícil de leer, no sólo porque es largo y a veces complicado, sino también porque dibuja un retrato poco halagador del estilo de los hombres al hacer el amor.

Puede ser impactante contemplar cómo nos ven algunas mujeres a algunos de nosotros. Cuando se les preguntó «¿Cómo ha sido el sexo con la mayoría de los hombres?», describen su experiencia como variantes de «Besar, chupar, follar, roncar», usando las desalentadoras palabras de una de las preguntadas.

En una letanía aparentemente eterna, decenas de mujeres recordaban su típica experiencia.

- «Una pequeña cantidad de juegos preliminares, después coito hasta que él se corre. Fin».
- «Rápido como un loco al volante».
- «Toma lo que puedas y no des nada».
- «Empezar y listos para acabar con el tema lo antes posible».
- «Un exceso de actividad».
- «Llegar, pegar, gracias señora».
- «Insertar A en B. Aburrido, aburrido, aburrido, aburrido».

A la pregunta «¿Quién decide cuándo se ha acabado?», las respuestas fueron:

- «El pito al poder, el pene decide».
- «Él, cuando eyacula».
- «Él se duerme y enseguida ronca».

Me dolió personalmente leer estas quejas porque tenía que reconocer algunas situaciones en las que estas descripciones encajaban con mi propio comportamiento. Espero que nunca fuera tan burdo como «Insertar A en B», o «Besar, chupar, follar, roncar» pero no me gustaba verme descrito, aunque fuera remotamente, en los sujetos contrariados de Hite. Aunque el libro de Hite tiene hoy casi medio siglo, lo recomiendo como una introducción para pensar en los hechos básicos sobre lo que no va bien sexualmente entre hombres y mujeres. A continuación se resumen unos hallazgos de los que es especialmente importante que los hombres sean conscientes:

- Sólo un tercio de las mujeres tiene orgasmos durante el coito.
- Sólo una décima parte de las mujeres que no tenían orgasmos durante las relaciones decían que les parecía bien. El resto estaba entre molesta y muy disgustada.
- El 82 por ciento se masturbaba, y de éstas, el 92 por ciento llegaba al orgasmo.
- De manera abrumadora, las mujeres querían sexo con sentimientos.

Eso significa que la mayoría de las mujeres con las que tú, querido lector, has tenido, o tendrás relaciones:

1. No tendrá un orgasmo.
2. Se sentirá mal por ello.
3. Sería capaz de llegar al orgasmo mediante alguna estimulación adicional durante, antes, o después del acto.
4. Perdonaría casi cualquier cosa si muestras capacidad y deseo de que haya comunicación sobre la relación a nivel emocional.

Y esto sin contar con que también sucede que, a pesar de tener un orgasmo, es posible no estar satisfecha sexual o emocionalmente. Los hallazgos de Hite confirman lo que muchos sospechaban sobre la relación entre los sexos y sobre lo que las mujeres quieren. Citando a Hite: *«Las mujeres quieren buen sexo con sentimiento»*.

Aquí sentimientos no significa cualquier sentimiento, sino primero y principalmente, sentimientos de afecto y ternura, sentimientos que sienten bien. Está bastante claro lo que las mujeres consideran una forma pésima de hacer el amor: que el hombre se precipite durante los juegos preliminares, no pregunte si ella está lista para el coito sino que asuma que lo sabe, que nunca considere la posibilidad de esperar para que ella lleve la iniciativa y que después se le meta dentro, a su ritmo, sin enterarse de qué paso, ritmo o ángulo prefiere, asumiendo que si es una mujer apasionada llegará en estas circunstancias; después habiendo fracasado en ayudarla a llegar (o asumiendo que ella ha llegado, o que llegará de forma mágica cuando él lo haga), llega al clímax y después se queda dormido, (dejándola en el punto álgido) sin conversar sobre cómo se siente o si está contenta y que no le dice nada cariñoso en todo el tiempo, o sólo durante el sexo, de tal manera que su profesado amor parece totalmente orientado al sexo.

Afortunadamente, los hombres así están en vías de extinción. Pero aunque podría decirse que esta caricatura del comportamiento sexual masculino se está convirtiendo en algo del pasado, la mayoría de los hombres todavía tiene algunos de los vicios descritos, puesto que han sido comportamientos usuales durante milenios. En la década de los 70 las mujeres empezaron a exigir una forma más atenta de hacer el amor. En nuestra era, el nuevo milenio, cada vez menos mujeres están dispuestas a aguantar este tipo de protocolo sexual tan pobre. Muchas mujeres, que habían asumido que la sexualidad que se les ofrece no necesita encajar con lo que quieren de verdad, están empezando a decir: «¿Sabes qué? No tengo ganas. Esto que me ofreces no me interesa».

POR QUÉ LAS MUJERES NO QUIEREN PRACTICAR EL SEXO (TAN A MENUDO COMO LOS HOMBRES)

El hombre común ha tardado siglos en darse cuenta de que la mujer disfruta del sexo tanto como nosotros (si no más). A pesar del veredicto de Tiresias en el debate entre Zeus y Hera sobre el tema, siempre se ha creído que las mujeres normales no encontraban, no podían encontrar y no deseaban encontrar placer en el sexo. El pavoroso hecho del orgasmo femenino, escondido durante mucho tiempo, por fin se ha descubierto al conocimiento general: las mujeres desde luego quieren y con seguridad disfrutan del sexo, aunque algunas puedan perder el impulso sexual como resultado de las dificultades físicas y emocionales que se encuentran.

Entonces, ¿por qué las mujeres rara vez persiguen el sexo como lo hacen los hombres, y a menudo declinan las insinuaciones sexuales de éstos? Las razones son muchas, aunque cada mujer puede tener su propia combinación. Las enumeraré por orden de la frecuencia con la que me las han mencionado a mí.

Las Mujeres Toman El Sexo Como Algo Más Íntimo Que Los Hombres

Para los hombres el sexo es con frecuencia un evento efímero que no implica necesariamente al corazón tanto como lo hace para las mujeres. En consecuencia, los hombres pueden practicar el sexo de forma más informal con alguien a quien apenas conozcan o incluso que ni siquiera les guste, durante o después de una pelea, o a pesar de que haya asuntos emocionales no resueltos. Para los hombres la sexualidad está simplemente más limitada sólo a eso —sexualidad— de lo que a menudo lo está para las mujeres. El instinto sexual varía de una persona a otra en el caso de las mujeres tanto como en el de los hombres. En general, sin embargo, las mujeres son más vacilantes respecto al sexo por miedo a que tenga unas consecuencias emocionales más profundas, y que están potencialmente asociadas con las relaciones sexuales: al dolor, a que te rompan el corazón, o al autoreproche. Sin hablar de la posibilidad de que las mujeres no estén bajo la presión biológica de fecundar diariamente, como sí parecen estarlo muchos hombres.

«Mi problema», dice una mujer, «es que si realmente me dejo ir con un hombre, es probable que me enamore de él. Puede que sea un gilipollas, y que para él lo que ocurriera no fuera más importante que un apretón de manos, pero normalmente no soy capaz de permanecer distante, especialmente si el sexo es bueno o medianamente bueno y parece prometedor. No merece la pena, créeme, si voy a acabar con el corazón roto».

Es difícil para un hombre ponerse en la posición de una mujer e imaginarse lo diferente que puede sentirse respecto al sexo. Si ella no tiene reservas morales, ¿por qué no sigue adelante, simplemente? Tendemos a interpretar su actitud reacia como una forma de burla o juego de poder, una forma de dominarnos o usar nuestras necesidades en su beneficio.

Los hombres deben comprender que, como norma, hombres y mujeres no experimentan el sexo de la misma manera. Obviamente el sexo ocurre dentro de la mujer y fuera del hombre y por tanto es un tema más íntimo y vulnerable para ella.

«Desde que nos conocimos», dice Mónica sobre Carlos, su marido, «él ha estado listo para el sexo antes que yo. Él quería tener sexo en nuestra primera cita. A mí me gustaba él tanto como a él le gustaba yo, fue amor a primera vista, pero yo no estaba preparada para abrirme tan rápido. Incluso ahora, cuando sabemos que vamos a hacerlo, él quiere llegar al tema en diez minutos, y yo quiero treinta. Especialmente, si acabamos de discutir, yo quiero hacer las paces antes de hacer el amor; para él, hacer el amor es hacer las paces. Simplemente tengo la sensación de que no significa lo mismo para él que para mí».

A Menudo Los Hombres No Son Muy Buenos Amantes

Otra razón por la que las mujeres son reacias es que muchas han tenido malas experiencias, por lo que son cautelosas antes de arriesgarse de nuevo. Puede que haya tenido problemas para llegar al orgasmo, un problema que muchas mujeres experimentan —especialmente chicas jóvenes—, pero pocos hombres padecen. Puede que haya estado con un hombre que era indiferente a su satisfacción o que la hizo sentir mal en relación con su falta de habilidad para llegar al orgasmo. O llegó al orgasmo pero de manera compulsiva para someterse a sus expectativas. Lamentablemente, aún es cierto que el ego de muchos hombres es altamente sensible y reacciona mal, incluso enojándose, a las sugerencias de mejoramiento o no sabe convivir con lo que debería ser una mujer plenamente sexual. (De tal forma que, para que él pueda verse a sí mismo como un buen amante, ella debe responder maravillosamente y estar al quite.)

Con frecuencia, la experiencia del sexo puede haber sido insatisfactoria para la mujer, mientras que él parecía bastante contento. Puede que, como en los ejemplos anteriores, ella haya tenido problemas para llegar al orgasmo. O que llegó al orgasmo pero no lo gozó. Puede que algún hombretón entusiasta la haya aplastado asumiendo y manteniendo la proverbial posición del misionero, con el hombre encima. Puede que la hayan maniobrado a posiciones sexuales que no le gustaban, y después la haya tratado con sutil hostilidad cuando ella haya intentado expresar su desagrado. Puede que ella haya experimentado que el ego masculino es altamente sensible y que reacciona mal, incluso con enfado, a las sugerencias de mejoramiento. Posiblemente ella ha notado que al hombre le dan asco sus genitales, su olor, sus menstruos. Puede que él se haya quedado dormido poco después de llegar, dejándola sola y frustrada; el hombre puede haberse vuelto frío tan pronto como se acabó el sexo. Puede que la hayan presionado para que tenga relaciones sexuales cuando ella no quería tenerlas. Puede que una pareja o algún compañero la hayan violado.

Resumiendo, puede que ella no haya disfrutado en encuentros sexuales previos, que no tenga razones para esperar nada mejor, y no quiera tener que vérselas con un amante inepto, y mucho menos con un posible abuso, especialmente con un hombre cuyos intereses puedan ser puramente recreativos. Quizá ella se sienta como expresó una mujer, «Casi no conozco al tipo. Si hubiera podido estar segura de que el sexo sería bueno, hubiera ido a por él, pero seamos realistas, no había muchas posibilidades de que fuera así, y puede que él ni siquiera se diera cuenta. Así que después tengo que deshacerme de él. Heriría sus sentimientos, así que tendría que pasar algún tiempo siendo considerada y sensible con sus berrinches, o tendría que pelearme con él si no sabe recibir un no por respuesta y se pone desagradable. No puedo soportar pensar en tanto lío».

El Orgasmo Esquivo

La cosa se complica aún más a la luz del hecho de que parece ser que las mujeres a menudo fingen los orgasmos. De acuerdo con una encuesta reciente, al menos una de cada dos mujeres ha fingido haber llegado, cuando de hecho no ha sido el caso. Es fácil ver por qué una mujer fingiría un orgasmo; cuando se les preguntó por este tema, las respuestas eran obvias: para mantener una imagen sexy en la mente del hombre, para proteger la autoestima, y muy importante, como la única forma de finalizar el coito y sentirse bien al respecto.

Cuando ya se ha fingido una vez, es más fácil, casi obligado, fingirlo de nuevo. Como resultado se desarrolla una mentira corrosiva en el corazón de la relación; una mentira que puede ser tan difícil de rectificar como la infidelidad. Mientras que el hombre imagina que es un amante maravilloso y satisfactorio, la mujer puede hundirse más en el lodo de la decepción. Puede que ella disfrute del coito en estas circunstancias durante algún tiempo, pero es probable que su deseo sexual se vea socavado, y que las necesidades de su compañero sexual se conviertan en una enorme carga de mentiras y emociones negativas. Será difícil de reconducir la forma de hacer el amor de su pareja; ya hemos visto lo sensible que son los hombres, así que hay poca esperanza de que la situación se repare sola; para ella es más fácil evitar el sexo; el resultado más seguro será la alienación sexual.

Un amante experimentado puede detectar un orgasmo fingido debido a que las profundas contracciones musculares que lo acompañan son prácticamente imposibles de fingir, especialmente de forma rutinaria. Si se da tal circunstancia, es muy importante ser comprensivo y estar dispuesto a aceptar la responsabilidad por la presión, la insensibilidad o la propia implicación con que podamos haber contribuido a la situación. De nuevo, sólo la comunicación abierta puede restituir la confianza y ser cimiento de una relación sexual sana y llena de amor.

Visto a esta luz, es perfectamente comprensible que la mayoría de las mujeres sean reacias a precipitarse hacia el encuentro sexual. Y estos son sólo los riesgos emocionales.

Sexo Doloroso, Irritaciones, Infecciones, Enfermedades Venéreas

Las mujeres tienen razón al temer las infecciones genitales.

Además del herpes, también hay infecciones fúngicas, tricomoniasis, clamidia o virus del papiloma humano, que pueden contagiarse de mujer en mujer por un hombre, sin que a él apenas le afecte. Es más probable que la gonorrea y la sífilis no se detecten en la mujer, y la gonorrea es más difícil de tratar en mujeres que en hombres. Finalmente está el SIDA. Aunque por el momento el SIDA en Estados Unidos y en Europa amenaza fundamentalmente a hombres gay, los hombres y mujeres heterosexuales cada vez tienen más riesgo, y los hombres son actualmente los portadores de manera abrumadora, especialmente los bisexuales o los consumidores de drogas duras. Incluso el hombre puede tener relaciones sexuales con una mujer positiva al VIH y puede que no se contagie de VIH. Pero las posibilidades de que una mujer se vea infectada por un hombre son mucho más altas, especialmente si las paredes de la vagina se irritan durante las relaciones, exponiéndose así al semen infectado.

En consecuencia, las mujeres tienen más razones para evitar el sexo esporádico que los hombres.

«Me hicieron falta años para darme cuenta de lo que estaba pasando, pero parece ser que cada vez que hago el amor con alguien nuevo, acabo teniendo un picor en la entrepierna. Sólo dejo de sentir estos picores después de hacer el amor con el mismo chico durante algún tiempo. Tengo que habituarme a él. Eso no ayuda a tener alguna aventura ocasional». Eso decía una mujer que había decidido que, aunque le gustaba el sexo esporádico, tenía que renunciar a él.

Así que de nuevo debemos ponernos en el lugar de la mujer y comprender por qué puede mostrarse dubitativa cuando estamos al rojo, por qué —aunque puede que le gustemos y puede que quiera tener relaciones sexuales tanto como nosotros— elige la abstinencia.

Miedo al Embarazo

Mientras que las razones mencionadas se aplican principalmente al sexo esporádico, el miedo al embarazo disuade constantemente de la actividad sexual femenina, esporádica o no. El hecho es que las consecuencias del embarazo así como mucha de la responsabilidad del control de la natalidad recaen sobre la mujer. Aunque a los hombres les pueda parecer que los métodos modernos de control de la natalidad hacen del embarazo un problema del pasado, ese no es el caso en realidad. La píldora y los dispositivos intrauterinos (DIU) tienen efectos secundarios incómodos y potencialmente peligrosos. El cáncer por la píldora y las infecciones pélvicas del DIU son repercusiones potencialmente mortales para las mujeres. Muchas mujeres son justificadamente reticentes a someterse a una dosis potente y permanente de sustancias químicas y a los efectos secundarios y riesgos que los acompañan.

«Durante un tiempo, hace años, pensé que el problema estaba resuelto», dice una mujer de cincuenta y muchos. «Tomé la píldora, y aunque desde luego, tenía efectos secundarios, pensé, qué diablos, merece la pena. Pero entonces todas las investigaciones empezaron a salir, y aunque nos decían que sólo era un problema si fumabas, simplemente no les creí. Tenía miedo de la píldora y no estaba dispuesta a correr el riesgo, y tampoco confiaba en los médicos. En cuanto al DIU, olvídalo. Una amiga tuvo un niño con el DIU y otra casi se muere de una infección pélvica. El control de la natalidad es un problema real que me disuadió del sexo esporádico».

Esto deja a las mujeres teniendo que apoyarse en métodos que no son ni mucho menos perfectos. En consecuencia, a no ser que haya habido una vasectomía o una ligadura de trompas, el embarazo es siempre una posibilidad, da igual cuán remota. En el caso del embarazo no deseado, el aborto es siempre una opción, sea legal o ilegal. Sin embargo, aunque puede que agradezcan el derecho a poner fin a un embarazo no deseado, la mayoría de las mujeres se da cuenta de que un aborto pocas veces es sólo una experiencia costosa, extremadamente perjudicial, dolorosa y desgarradora, y que a veces rompe el corazón.

El aborto queda completamente fuera de la experiencia masculina. Los hombres carecen de comprensión acerca de las realidades del control de la natalidad, y el aborto les lleva a infravalorar el miedo, completamente comprensible, de las mujeres a los encuentros despreocupados, y los hace intolerantes a la renuencia femenina hacia el sexo.

Un Problema Moral

Algunas mujeres creen que el comportamiento sexual, esporádico o no, está mal fuera del matrimonio. Algunas creen que está mal incluso dentro del matrimonio, a no ser que sea para tener niños. Y si se embarazan accidentalmente, ni hablar de las posibilidades de un aborto. Para una mujer que tiene estas creencias, la sexualidad está asociada con un mayor grado de culpabilidad que para los hombres con creencias similares. Siempre se ha sido más indulgente con los pecados masculinos que con los femeninos. A las mujeres que rompen los códigos sexuales, establecidos en su mayoría por los hombres, se las llama fulanas y en algunos lugares todavía se las lapida. Incluso en esas mismas culturas tan austeras respecto al sexo, es más probable que se perdone a los hombres con una sonrisa cómplice, e incluso que se los admire. Nuestra cultura comparativamente liberal en el plano sexual aún tiene la misma hipocresía sexual sesgada en cuanto a los géneros.

Falta de Control

Mencionado con menos frecuencia por las mujeres o en los típicos manuales sobre sexo, pero muy importante, en mi opinión, son las preconcepciones sobre cómo debe ser la experiencia sexual «normal» entre un hombre y una mujer. La asunción es que el hombre será activo y la mujer pasiva. En consecuencia, ambas partes entran en la experiencia sexual con la expectativa de que el hombre hará los avances y la mujer responderá con placer. Si resulta que él hace los avances adecuados —es decir, los que encajan con las necesidades de ella— los acontecimientos se desarrollarán satisfactoriamente. Pero si él va demasiado rápido o demasiado lento, demasiado suave o demasiado brusco, ella normalmente no tiene el conocimiento, la experiencia, o el permiso cultural para rectificar el tema o tomar la iniciativa. Si ella asume más poder en la situación e intenta controlar la implacable trayectoria del hombre, corre el riesgo real de que la vean como sexualmente avariciosa, asustando al hombre hacia la impotencia, un fenómeno reciente y familiar para las mujeres enérgicas.

Si ella no asume control sobre este escenario, es probable que se sienta cada vez más impotente e incómoda con la situación. Su posición es similar a la de los pasajeros de un coche que va muy rápido, una situación más familiar para las mujeres que para los hombres. Cuando se conduce rápido, la persona que tiene el control indudablemente va a pasarlo mejor. Si el pasajero no disfruta o le da miedo el paseo, puede relajarse y confiar, o decir algo y arriesgarse a tener una discusión con el conductor. Pero ninguna de estas dos soluciones es tan efectiva como sentarse al volante. Cualquier hombre que quiera sentir lo que estoy diciendo puede empezar por ofrecerle las llaves de su amado coche a alguien que conduzca de manera agresiva y experimentar la diferencia entre tener y no tener el control.

Una mujer puede intentar ser una buena pareja sexual, pero quizá la relación dominio-sumisión no funcione con ella y nada de lo que haga en esa ecuación puede enderezar la situación. Puede que ni ella ni su pareja se den cuenta de que la razón de su dificultad se basa en la asunción sobre quién lleva el control, quién lleva la voz cantante y quién la sigue, y quién marca el ritmo sexual. Quién tenga el control es probablemente el factor singular más importante para que la mujer tenga un orgasmo.

Afortunadamente, el sexo es diferente de la conducción, y no es necesario que el control esté exclusivamente en manos de uno u otro participante. De hecho, el mejor sexo probablemente tiene lugar cuando el control va y viene entre la pareja, dando a ambos la oportunidad de experimentar los dos lados de la ecuación. Puede que ella quiera sexo oral, jugar con los dedos, un vibrador, masturbación, o la posición de la mujer encima. Si puede practicar el sexo como quiera, probablemente estará satisfecha. Sin embargo, si dice lo que quiere, puede que al hombre le enfríe esa supuesta agresividad. O puede que no reciba lo que necesita; una oportunidad rara, aunque útil, de experimentar un acontecimiento común para las mujeres.

Pérdida de Libido

Mientras que los hombres tienen un ciclo sexual rápido, con una libido que alcanza un pico dos veces por semana o incluso más, las necesidades libidinosas femeninas en cuanto al coito son mucho menos frecuentes o intensas. Ése es un hecho con base genética en las diferentes determinaciones reproductivas de los dos géneros. Los hombres están codificados para fecundar al mayor número de féminas posible, para lo cual necesitan tener la suficiente excitación como para tener erecciones y eyaculaciones. Las féminas están disponibles para reproducirse de acuerdo con un ciclo muy diferente y se requiere menos de ellas para ser fecundadas.

Además, después del embarazo y el parto la mujer normalmente experimenta una pérdida del deseo sexual durante meses antes de recuperar su libido, mientras que la libido de sus compañeros permanece incólume. Si él insiste y ella lo rechaza, eso puede instalarles en un ciclo de escalada de juegos de poder, presión, rechazo, ofuscamiento, enojo y resentimiento. Si ella consiente y acepta el sexo repetidamente sin tener deseo, podría finalmente perder cualquier posibilidad de recuperar su deseo libidinoso con este hombre. Difícilmente se puede obligar a un hombre a que tenga relaciones sexuales si no está excitado, mientras que a menudo se puede, si no forzar, presionar a una mujer que no esté interesada. El resultado final puede ser catastrófico desde el punto de vista de la libido.

Cuando su compañero llega a forzar a la mujer en una relación, lo llamamos violación marital o consentida, un acto carente de ética, inmoral e ilegal, que lamentablemente no es infrecuente; un lado oscuro de la sexualidad a cuya experiencia los hombres no encarcelados básicamente son inmunes.

Por todas estas razones, la mayoría de las veces que un hombre y una mujer se conocen, incluso si hay atracción mutua, es probable que la mujer esté menos motivada para el sexo.

Coito, ¿Es Sólo Cosa de Hombres?

El control se relaciona no sólo con el progreso del acto amoroso, a qué velocidad y en qué posición(es), sino también con qué constituye hacer el amor. Para la mayoría de los hombres el sexo aún se define como coito. Pero, mientras que el coito es algo a cuya búsqueda los hombres están compelidos, muchas mujeres tienen poco o ningún interés en él. Cuando la mujer ha tenido que adaptarse a las expectativas masculinas, como la asunción de que a ella le gusta y quiere tener relaciones frecuentes, una consecuencia puede ser que ella desarrolle un condicionamiento negativo. Es decir, habiendo realizado el coito a menudo cuando en realidad no le apetecía, su indiferencia hacia el mismo se vuelve desagrado lo que la lleva a pensar que detesta el sexo y a etiquetarse a sí mismas de frígida, simplemente porque no tiene el apetito por el coito que los hombres esperan y dan por supuesto.

A los hombres les cuesta darse cuenta de que una mujer a la que no le entusiasma el coito puede no ser frígida en absoluto; nos es difícil comprender que la experiencia que para nosotros es tan primaria —que nos es tan placentera— pueda ser muy diferente para ella. Si a la mujer se le permite expresar su relativa falta de interés por el coito, puede que, una vez eliminada la presión, aprenda a apreciarlo como un plato principal en el bufet de los deleites sexuales.

Compartir el Control y el Interés

A las mujeres se las ha educado en que el buen sexo, como el buen baile, depende de la facilidad que ella tenga para dejarse llevar. A medida que las mujeres se han hecho más poderosas y están menos dispuestas a dejarse llevar, la falta de armonía realmente puede crecer hasta que los hombres aprendan a seguir y la mujeres aprendan a llevar, todo lo cual puede necesitar un tiempo y esfuerzo considerables.

La sexualidad es un proceso muy delicado que puede verse estropeado fácilmente por el dolor y la ansiedad. Cada vez que una persona tenga una experiencia sexual mala o desagradable, se acumulará el condicionamiento negativo. Los repetidos combates con los grandes y pequeños fastidios del sexo pueden causar en las mujeres una respuesta automática de ansiedad, pudiendo echar a perder su deseo e interferir con su placer, y siendo responsable de la mayoría de la llamada «frigidez femenina» y del dolor que algunas mujeres experimentan durante el coito de vez en cuando (algunas mujeres todo el tiempo).

Así que mientras el hombre tiende a buscar el coito ciegamente, la mujer tenderá a ser más cauta, a no ser que sea joven (cándida en relación con los inconvenientes del sexo), recién enamorada del hombre, bajo la influencia de una intensa presión hormonal por reproducirse, y/o inquieta o poco experimentada en los fastidios de la sexualidad.

Además, a largo plazo parece haber un patrón de pérdida de deseo entre las mujeres casadas tras haber tenido hijos, lo que complica la situación aún más, especialmente si los hijos se suceden rápidamente creando un largo paréntesis que será duro para su marido.

Hemos repasado las razones por las que las mujeres pueden tener menos entusiasmo que nosotros por el sexo. Pero el entusiasmo recíproco se puede conseguir y debe ser buscado. Cuando la mujer se ha acostumbrado al cuerpo del hombre, confía en él y ha tomado las precauciones para prevenir la concepción, probablemente en esas condiciones se sienta menos reacia. Si el hombre es paciente con las preocupaciones y necesidades de ella, y ella es tolerante con su impaciencia a veces agresiva mientras que él aprende a controlarse mejor, serán capaces de cooperar y encontrar el término medio donde pueda tener lugar la relación amorosa real y el entusiasmo mutuo.

Algunos hombres y mujeres han leído esta sección y han discutido la asunción de que los hombres estén más interesados en el sexo que las mujeres. Sus experiencias parecen contradecir ese punto de vista. Especialmente, las mujeres casadas se quejan de que sus esposos pierden interés en el sexo. Algunos jóvenes, generalmente los muy atractivos, pueden encontrar que las mujeres están más interesadas que ellos en el sexo.

Desde luego sería errado decir que sólo las mujeres rehúyen el sexo. También los hombres están a veces inhibidos por escrúpulos morales, miedo a implicarse emocionalmente y miedo a infectarse, a la impotencia, o a ser ineptos. También los hombres pueden estar inseguros sobre la efectividad de los métodos de control de la natalidad e inhibidos por el temor a un embarazo no deseado.

Aún así, de acuerdo con *El informe Hite sobre el hombre y la sexualidad masculina*, los hombres que quieren menos sexo y las mujeres que quieren más sexo que sus parejas (hablando de parejas heterosexuales) son una minoría. Usando las sucintas palabras de Hite, «La principal insatisfacción de los hombres: "Las mujeres no quieren practicar el sexo lo suficiente"».

Según explica, «Sólo el 11 por ciento de los 7.000 hombres que respondieron, declararon estar plenamente satisfechos con la frecuencia del sexo». Mientras, en una encuesta a sus lectores, Ann Landers halló que más del 75 por ciento de las mujeres de buena gana renunciaría por completo al sexo y establecería una relación no sexual. Puede que esta cifra sea exagerada, ya que la lectora media de Landers es de mediana edad, probablemente el momento en el que comienzan a estar hartas de tener que proporcionar sexo a demanda y a ver que no obtienen suficiente del amor que necesitan. Parece innegable que los hombres y las mujeres tienen diferentes prioridades en relación con el sexo, y que esto a menudo provoca que las mujeres se sientan privadas de amor, mientras que los hombres se sienten privados de sexo.

¿QUÉ PUEDEN HACER LOS HOMBRES?

Cuando un hombre ve que una mujer no quiere tener relaciones, debe ser comprensivo con su indecisión. Debe aceptar las razones de su renuencia y tomárselas en serio. En lugar de restar importancia al miedo al embarazo o a las enfermedades, debe averiguar más sobre el punto de vista de ella. No debe forzarse o forzarla a ella, ni intentar convencerla para que haya sexo de todas formas. Debe tomar conciencia de los sentimientos de ambos. De su decepción y necesidad por un lado, y a la vez ha de empatizar con los de ella. De ninguna manera debe enfadarse o enfurruñarse, ya que a fin de cuentas ella no es culpable.

Esto no es fácil para los hombres, pero es lo que quieren las mujeres. Cuando el hombre aprenda a ser paciente con su pareja, a medida que empiece a practicar este tipo de autocontrol cariñoso y considerado, estará menos necesitado sexualmente y será más afectuoso. Ella tendrá espacio para evaluar su propio deseo sexual y disipar sus miedos, y quizá encuentre que, después de todo, también ella quiere el amor sexual.

Aquí se desarrolla una paradoja interesante, especialmente si el hombre está al principio de una relación. Ocasionalmente se puede intimidar a la mujer para tener sexo, sin que importe cuánto puedan detestar ellas esa forma de coacción. Incluso puede que alguna vez, casualmente, tal seducción se desarrolle como una experiencia sexual agradable. El resultado de esto ha sido el autocomplaciente mito masculino de que a las mujeres les gusta que se las presione hacia el sexo, que los juegos de poder y la coacción sutil mejoran el sexo. La verdad es que la mujer a menudo consiente a un hombre que no acepta un no por respuesta, aunque sólo sea para hacerle callar. Esto rara vez tiene como resultado que haya buen sexo para la mujer; en las raras ocasiones en que así es, es pura coincidencia; la recompensa aleatoria de una aproximación equivocada y de dudosa ética. Al final, exceptuando las mujeres más implicadas emocionalmente, encontrarán una forma de evitar los avances no deseados del hombre que ha mostrado ser dominante y un seductor que no acepta un no por respuesta.

Las mujeres agradecen que no se las presione hacia el sexo. Que se las alivie de esa presión a menudo las pone en contacto con sus propios deseos, de forma que, al final, esta aproximación puede conducir a una relación sexual tan a menudo como una más agresiva. Pero, más importante, mientras que la frecuencia de la relación sexual en estas dos opciones pueda ser la misma, la calidad, será muy diferente. Por una parte, las mujeres con las que se relacionará sexualmente serán diferentes: Si es agresivo, probablemente tenga «éxito» con mujeres pasivas. Aun cuando la mujer consienta seguir el deseo de un hombre que la presiona y lo disfrute, puede que todavía se pregunte si ha cometido un error y si realmente quiere estar en la cama con él.

La mujer que elige el sexo de forma más libre, sabe que quiere hacer el amor con el hombre con el que está. Es más probable que haya tenido tiempo suficiente de llegar a la excitación completa. Se sentirá más cómoda y probablemente sea más activa. Será muy diferente de cómo sería si sólo estuviera sometiéndose indecisa a un seductor implacable.

Tales experiencias de mutuo acuerdo pueden hacer mucho por mejorar el clima general de las relaciones entre hombres y mujeres. Ahora sabemos que las mujeres quieren estar rodeadas de romance, les gusta hacer cosas juntos, la charla íntima, hacer manitas, dar paseos, que se las escuche. Quieren hacer el amor, tener orgasmos voluntariamente, y estar cerca uno del otro durante algún tiempo después de hacer el amor. Necesitan tanto pasión como ternura.

Las preferencias más específicas pueden variar de una mujer a otra. El beso, por ejemplo, puede ser suave o brusco, variar de húmedo a seco, de largo a corto. Cada mujer tiene partes especiales de su cuerpo que le gusta que le acaricien de una forma específica, sólo que a veces puede querer que se le toque esa parte en especial de forma diferente, o que no se le toque en absoluto.

Si la mayoría de las veces no le gusta la estimulación directa del clítoris, puede que la desee durante el coito. De forma parecida, a algunas mujeres les gusta el coito pero no llegan al orgasmo con él, mientras que otras llegan al orgasmo mediante el coito pero no les gusta tanto como el cunnilingus o alguna otra forma de hacer el amor. A la misma mujer a la que le gusta el coito cuando está medianamente excitada puede que no le guste después cuando está a punto de llegar al clímax, o viceversa.

No es posible proporcionar una «lista de la compra» de las preferencias femeninas sin caer en el error de generalizar. Más aún, lo que a una mujer le gusta varía parcialmente dependiendo de su estado de ánimo, la fase de la luna, dónde esté, con quién y por qué, a diferencia de los hombres, que llegan al orgasmo perseguido casi en cualquier circunstancia.

Pocos hombres hoy serían tan ingenuos como para pensar que subirse a una mujer y llegar al orgasmo en dos minutos constituya una buena técnica amorosa. Pero aún nos queda la cuestión de qué constituye una buena técnica amorosa. Si bien hay algunas «reglas generales» la respuesta depende completamente de que se solicite información a la mujer implicada, estar atento y receptivo, y desarrollar el sentido del ritmo y del flujo del baile sexual.

Sabemos que la mayoría de las mujeres no consiguen el orgasmo mediante el coito, y que para muchas el método preferido para llegar al clímax es el cunnilingus. Vayamos entonces a ése y a otros pasos importantes del baile.

9. LOS TRES ELEMENTOS DEL CUNNILINGUS

El cunnilingus es la alternativa más importante al coito, mencionada repetidamente por las mujeres como fuente de satisfacción orgásmica. En mi opinión, es una técnica que cualquier hombre que desee ser un buen amante debe dominar.

Al ser independiente de otros atributos masculinos principales (como mantener una erección), cualquier hombre puede aprenderla por separado, incluso si tiene problemas de impotencia. Una vez aprendida, la consciencia y sensibilidad que se invierten en ayudar a que la mujer llegue al orgasmo a través del cunnilingus también es beneficiosa durante el coito. El cunnilingus pone el clítoris y el cerebro en el contacto más cercano posible, con la lengua, un músculo altamente sensible, sutil y poderoso, como puente entre ambos.

Quizá sea la proximidad del cerebro a la lengua lo que haga del cunnilingus la situación ideal en la que aprender sobre la respuesta sexual de las mujeres. La lengua es precisa en sus movimientos, y la reacción femenina pronto revela la efectividad de su acción; la retroalimentación es inmediata.

Mientras que la lengua y los labios son los protagonistas del cunnilingus, las manos juegan un papel de apoyo importante. Situadas alrededor de las caderas o sobre el vientre, o con uno, dos, o tres dedos en la vagina, las manos reúnen información sobre la efectividad de la estimulación.

Aunque usar las manos es normalmente sano y sexy, hay que tener en cuenta el problema de los dedos callosos. A una mujer a la que a menudo le deleitaba recibir el cunnilingus antes del matrimonio, pero que siempre necesitaba que le insertaran uno o más dedos para disfrutar de la experiencia, los dedos callosos de su esposo le arruinaron la experiencia, haciéndole perder el apetito por ese elemento, antes tan emocionante en el menú sexual.

Los tres requisitos de un cunnilingus placentero y efectivo son: estar limpios, ponerse cómodos, y ser comunicativos. Si deseas tomar el camino del cunnilingus hacia el orgasmo femenino, es importante fijarse en estos tres elementos.

Limpieza

A algunos hombres les gusta bajarse a mujeres cuyos genitales se encuentren en un estado de condimentada madurez. Esto no pasa desapercibido y probablemente se agradezca. El hombre al que no le guste este tipo de exquisitez, debe encontrar alguna forma suave y llena de tacto de pedirle a ella que se lave. Los franceses, entendidos en estos temas, tienen bidés a tal efecto. A falta de bidé, una ducha o un baño o un paño templado son preludios apropiados para el sexo oral. Esta es también una oportunidad para que el hombre se lave sus propios genitales, algo altamente recomendable para evitar extender infecciones vaginales menores. Si ninguno de los dos tiene la paciencia para un baño o una ducha erótica, él puede humedecer un paño y susurrar «Me gustaría comerte. ¿Puedo lavarte? Me encantaría darte un bañito con la esponja». Ser suave y tener tacto, rodear la petición con expresiones de pasión y deseo; hacerla lúdica para que ella no se sienta avergonzada u ofendida. Es mejor pedir esto antes de empezar a bajar, así ella no pensará que es su olor personal lo que encuentras desagradable. La limpieza es importante para tu comodidad, no seas tímido al pedirla.

Comodidad

Es esencial que ambas partes estén cómodas, ya que la mujer puede tardar en llegar al clímax. Es posible que en ese tiempo se nos tense el cuello o que nos dé un calambre si uno empieza en una posición incómoda. Bajarse con el cuello doblado, como es necesario hacer cuando la mujer está tumbada boca arriba y el hombre está sobre su estómago puede resultar muy incómodo para algunos hombres. Ambos pueden estar de lado, pero esto puede ser incómodo para la mujer. Ponerle una almohada debajo de la espalda quizá ayude. Otra posición buena para estar cómodos es con las caderas de ella en el borde de la cama y el hombre de rodillas en el suelo, o incluso sentado. Esto puede ser incómodo para la mujer que necesite tener las piernas para arriba para llegar al orgasmo. Si es así, puede rodearlo a él con las piernas, ponerle los pies en los hombros, o escabullirse para atrás en la cama lo suficiente para poder poner los pies en alto. Sean cuales sean tus necesidades específicas, asegúrate de que estás cómodo y también de que podrás demorarte, lo cual es esencial.

Comunicación

Por alguna razón a la gente le avergüenza profundamente hablar con precisión sobre qué es lo que quiere y lo que no quiere durante el acto amoroso.

«Muchas veces», confiesa una mujer acerca del acto amoroso con su marido, «me ha dolido el cunnilingus y no podía decir nada al respecto. Él estaba chupando demasiado fuerte, pero parecía estar disfrutando tanto que no quería interrumpirle. Yo podía llegar sin problema, pero sé que podía haberle pedido que fuera más suave y realmente hubiera disfrutado más».

La solución obvia es preguntar: «¿Lo hago demasiado fuerte? ¿Demasiado rápido? ¿Estás cómoda?». Si la respuesta es «Claro», quizá ayude el asegurarse. «Bien, quiero asegurarme. Dime si te sientes de alguna forma incómoda, ¿de acuerdo?». Cuando te preguntes cómo se siente ella o si está disfrutando de lo que le haces o si hay algo que puedas hacer por mejorarlo, pregunta y pregunta de nuevo. El resultado de preguntar será que tendrás que preguntar cada vez menos a medida que vayas siendo más sensible a los indicios de su placer.

EL ARTE DEL CUNNILINGUS

Vayamos ahora a los detalles prácticos del tema, y hablemos de cómo se hace:

1. Es importante no pensar demasiado en el orgasmo de ella. Es mucho mejor simplemente divertirse, no buscar un placer intenso sino diversión, como cuando se persigue a un gatito o se hace volar una cometa, se conduce por una carretera sinuosa o bailamos la samba. En el proceso, ambos os cargaréis de energía sexual.

(Si esta aproximación más relajada, no le gusta a ella, si ella tiene un fuerte deseo de un placer intenso mediante el cunnilingus, sea como fin en sí mismo o como medio hacia el orgasmo, véase el punto tercero, más abajo).

Mientras más abiertamente pueda expresar tu amante su reacción a tu estimulación, más sentirás que ella se mueve o se está quieta, más la oirás gemir o chillar, más capaz serás de unirte a ella en su baile, de perderte en la vorágine y excitarte buscando su placer con la lengua.

Si por alguna razón ella no te está proporcionando ninguna retroalimentación —no hace ruido ni se mueve— o si su reacción se vuelve monótona, probablemente deberías parar. Explícale que no estás seguro de que ella esté disfrutando y pídele que te diga lo que le gusta y lo que no.

2. No continúes más allá del punto en que tú estés disfrutando. Si se te está contrayendo el cuello o te duele la lengua o si empiezas a aburrirte, no sigas. Haz algo diferente un rato. Puedes mantener la excitación de ella mediante el coito, o usar los dedos mientras le besas el pecho, o usar un vibrador. Dile lo que quieres hacer y descubre si le parece bien. O pregúntale lo que quiere hacer ella. Después de un rato puedes volver al cunnilingus. O no.

3. En medio de tu juego con la lengua, tu amante puede pasar de un estado de excitación sexual a una nueva etapa,

pre-orgásmica. El cambio más apreciable será el incremento de la tensión muscular alrededor de su pelvis alternada con cortos periodos de relajación seguidos de creciente tensión. Puede que arquee la espalda, o tense las piernas; puede que te tire del pelo o se empuje contra ti. Puede que empiece a temblar. Puede que se incrementen sus sonidos de placer o que se quede muy quieta. Esto quiere decir que está a punto de llegar al orgasmo.

En este punto debes seguirla: ella necesita una estimulación precisa y sostenida para acumular la energía sexual que la lleve al límite. No incrementes el ritmo o la intensidad de tu actividad, sólo mantenla estable y sigue de cerca sus movimientos. Piensa que estuvieras haciendo rodar una canica hacia arriba con la lengua. No dejes que ruede hacia abajo; necesitas estar ahí para que llegue a lo más alto. En este punto, cuando el orgasmo se convierte en el objetivo, lo que haga tu pareja es tan importante como lo que hagas tú. Sólo puedes proporcionarle el 50 por ciento de la estimulación; ella debe hacer el resto. No hay fórmula mágica; sólo puedes hacerlo lo mejor que sepas, y el resto depende de ella y de las circunstancias. El día, la hora y el sitio pueden ser idóneos o puede que no lo sean.

4. Si en este punto ella quiere llegar, pero no puede con el cunnilingus, sugiérele que use un vibrador o la mano para llegar al orgasmo. Si lo hace, puedes ayudarla cuando esté cerca, o simplemente mirarla mientras se corre. Bésala por todas partes, juega con su pecho y disfruta de su placer. Mientras ocurre todo esto, aprende tanto como puedas sobre cómo es su orgasmo: cuáles son su movimientos pre-orgásmicos y sonidos, cómo acumula tensión hacia el clímax y cuándo llega a lo más alto, cómo se deja llevar en la cresta de la ola, y cómo baja de la montaña rusa. Observar todo esto, no sólo será un placer, sino que además te dará información valiosa para el futuro, ya que cada persona tiene una forma característica de llegar, que tiende a repetirse. El fami-

liarizarte con este patrón suyo te será útil para ocasiones futuras.

Así que tu trabajo ya está definido. Las mujeres han dejado claro que quieren que sus hombres sean capaces y estén dispuestos a bajarse. Ahora depende de ti estar a la altura de la ocasión, sabiendo que la harás feliz y que a sus ojos eso te hará mucho más deseable.

10. LA ERECCIÓN: CONSEGUIRLA Y MANTENERLA

Una respuesta muy común a la pregunta «¿Qué quieres sexualmente de un hombre?» era, además de que tuviera sentimientos, que fuera capaz de mantener una erección el tiempo suficiente como para que ella llegara al orgasmo. Para los hombres hay dos problemas principales en relación con las erecciones. Primero, que se levante. Segundo, mantenerla, en lugar de llegar demasiado pronto, o incluso antes de estar dentro de la mujer.

LEVANTARLA

Cuando en 1984 escribí este libro por primera vez, la impotencia era un tema que atemorizaba a los hombres. Por supuesto, hay un decrecimiento en la habilidad eréctil, que aparece con la edad avanzada, normalmente alrededor de los 60. Y en hombres más jóvenes, las enfermedades hormonales, la diabetes, algunas lesiones nerviosas, ciertas sustancias prescritas como medicamentos, el alcohol o el abuso de otras drogas, pueden ser razones físicas de impotencia. Pero sorprendentemente, dada la larga historia y la magnitud del problema, una pastillita morada parece haber aliviado a los hombres que puedan permitírsela y que tengan los recursos económicos suficientes para pagar entre 5 y 10 euros que, hoy en día, cuesta la dosis de sildenafil en la farmacia. En todo caso, el darnos cuenta de que la disfuncionalidad eréctil no es cuestión sino del flujo sanguíneo al pene, fácilmente remediable con una pastilla y no un insulto a nuestra hombría, puede ser útil para disminuir las preocupaciones y obsesiones que la impotencia suele desencadenar. Incrementando el flujo sanguíneo al pene, el citrato de sildenafil puede garantizar literalmente que tengas y mantengas una erección según desees. Así que si eres un hombre con problemas de erección, lo primero que tienes que recordar es que si alguna vez estás lo suficientemente excitado como para que se ponga duro, el equipo funciona, y el sildenafil puede mejorar tu desempeño.

Por otra parte, si no se pone duro con una mujer en una ocasión particular, la razón probablemente esté más relacionada con tu estado psicológico y emocional.

Hay dos razones psicológicas principales por las que un hombre puede no tener una erección cuando quiere.

1. Está preocupado. El miedo y la excitación sexual son fisiológicamente incompatibles. Puede que la Madre Naturaleza se figurara que sería poco conveniente que un hombre con una erección corriera huyendo de un tigre. En cualquier caso, tienden a no ocurrir a la vez.

La primera vez en mi vida que no se me levantó fue en una fiesta. No conocía a nadie y hacia el final de la fiesta, una mujer con la que había hablado antes, y que me parecía atractiva, se puso seductoramente agresiva. Su comportamiento me pareció desconcertante y para mi sorpresa no tuve la habitual erección instantánea; de hecho mientras más lo intentaba, más blando se me ponía. Al final tuve una eyaculación sin erección, algo totalmente nuevo para mí. Lo inquietante es que desde entonces en situaciones sexuales nuevas tengo tendencia a preocuparme por si se me levantará.

Si el hombre está preocupado por la erección, esta preocupación se convertirá en un factor que impedirá que tenga una. Si no consigue tener una erección, su preocupación aumenta y eso puede causar su impotencia. Si esto ocurre con alguien que sea nuestra pareja desde hace tiempo, que sea exigente o poco comprensiva, o que ya no nos resulte atractiva, se puede desarrollar un círculo vicioso hasta que la impotencia se hace absoluta. Incluso ante tales circunstancias, el sildenafil es capaz de derrotar a ese círculo vicioso, reduciendo el papel de la ansiedad en una situación sexual.

Otro factor que reduce el círculo vicioso es que la mujer te resulte atractiva y sea comprensiva con tu difícil situación. Háblale de tu ansiedad. Las mujeres a menudo están familiarizadas con las dificultades para llegar al orgasmo, así que es más probable que aprecien tu dilema si eres abierto y te muestras vulnerable que si eres reservado y te pones a la defensiva.

A menudo, más que totalmente ausente, la erección del hombre es incompleta. El pene puede no estar completamente duro, pero aún así está suficientemente duro como para introducirlo en la vagina. Los hombres tienden a pensar que estar a «media asta» no merece las atenciones de una mujer, pero yerran. Está bien frotar un pene medio duro contra la vagina de una mujer. Hacerlo probablemente excite a los dos lo suficiente como para que la naturaleza siga su curso. Recuerda que las lesbianas pueden practicar un sexo perfectamente satisfactorio sin la ayuda del pene en absoluto. Lo pasan bien, y una de las formas de llevarse mutuamente al orgasmo es frotar sus huesos púbicos entre sí estimulando así sus clítoris, algo que un hombre puede hacer con una erección incompleta.

En cualquier caso, sobre el tema de los penes blandos, dice una mujer «Me gusta correrme con un pene blando. Me hace sentir cuidada, a veces no me gusta que me embistan. Llegas a sentir más, en realidad. Me gusta sentir cómo ocurre la erección dentro de mí».

Con esto no pretendemos negar los placeres que un pene con una erección plenamente desarrollada da tanto al hombre como a la mujer. La idea es que, gestionar la impotencia de forma abierta y relajada, con comunicación y creatividad, prácticamente garantiza que el problema desaparezca. La ansiedad, el hermetismo y la rigidez mental son los responsables de la supuesta impotencia.

Merece la pena contestar a una pregunta frecuente: «¿Por qué a veces me encuentro con una mujer que considero perfecta en todos los sentidos y no se me levanta?». Sabemos que esta es una situación infernal que a veces ocurre. Hay, como hemos visto, varias razones posibles. Una es la preocupación. Puede que, en el umbral de que su querida fantasía se convierta en realidad, el amante excitado cuestione de pronto su valía y capacidad. Con este dechado de belleza receptiva ante sí, puede tener una punzada de duda repentina que le sacuda el corazón y el pene con terror. Si es así, necesita relajarse; para las mujeres extremadamente bonitas, este fenómeno no es poco habitual. Que piense en cuánto le gusta ella como persona y se olvide de lo guapa que es. Que le bese la cara y el pecho, que la acaricie con ternura, que le hable con afecto. La preocupación se disolverá y al final el acto amoroso tendrá lugar.

2. No está excitado. Pero quizá el problema sea otro. Quizá, aunque sea muy guapa, esta mujer no es nada sexy. Quizá ella tampoco esté excitada, cosa que puede ocultar más fácilmente. En una relación sexual madura, la excitación no se da sólo porque el otro lo quiera. La excitación es un complicado acontecimiento mutuo tanto bioquímico como psicológico con muchas causas.

La falta de excitación cuando un hombre o una mujer no nos encienden es en realidad una respuesta saludable. Los hombres están acostumbrados a creer que si la mujer está dispuesta, un hombre debería ser capaz, sin tener en cuenta lo que sienta por ella. Pero es bastante posible que el hombre se encuentre en la cama con una mujer por la que no se siente atraído. Puede que se haya implicado con ella por esa tendencia masculina a acumular mujeres igual que muescas en el cinturón como forma de acariciar su ego, o puede que se haya dejado llevar por el deseo de ella de practicar el sexo debido a una falta de disposición a hacer algo muy poco masculino y rechazarla. Así que está con una mujer que puede que le guste o puede que no, pero que en realidad no le excita sexualmente. No es sorprendente que no se le ponga duro. En el pasado, quizá en sus años de juventud, puede que haya sido capaz de funcionar con cualquiera, en cualquier momento, en cualquier sitio; su dificultad es, después de todo, un signo de madurez sexual. Así que está creciendo.

También se da la situación en la que, a medida que ambas partes buscan frenéticamente la excitación, se convierten en víctimas del Padre Crítico, que genera pensamientos de ineptitud, vergüenza y antipatía, dejando a ambos tristes y desesperanzados. Así es como una pareja evitó esta desagradable situación:

> Cuando pasé por la experiencia de que un hombre no tuviera una erección, mi primera reacción fue tomármelo como algo personal, pero él fue muy agradable al respecto. No se enfadó, sino que simplemente me besó y me abrazó, y dormimos juntos esa noche. Finalmente hicimos el amor, pero fue más una forma amistosa de follar que algo tórrido. Llegamos a ser muy buenos amigos. El sexo nunca fue muy importante, y finalmente ambos encontramos amores más apasionados. Si lo piensas, que a un hombre no se le ponga duro no es muy diferentes de que una mujer no esté húmeda, y eso pasa con frecuencia, ¿no?

La falta de excitación del hombre, de hecho, se toleraría mucho mejor si fuera una mujer. Somos comprensivos cuando una mujer no puede responder a un hombre por el que no se siente atraída pero no nos concedemos a nosotros mismos ese privilegio. Como hombres, tenemos nuestras responsabilidades, una de las cuales (imaginamos) es satisfacer a las mujeres que nos necesitan; como dice Zorba el Griego cuando pregunta: «¿Soy un hombre, no?».

Con frecuencia, un hombre tiene problemas para conseguir una erección en las primeras dos o tres noches con una mujer. Esto es ciertamente comprensible, tan comprensible como que una mujer no tenga un orgasmo en los primero encuentros sexuales con un hombre. Sólo necesitamos reconocer este hecho sin vergüenza, y hacer el amor de otras formas.

ORGULLO Y EMPLEO DEL SILDENAFIL

Muchos hombres consiguen una erección tan fácilmente que les resulta difícil evitar el orgasmo poco después de la penetración. La sensación de estar dentro de una mujer es tan sensual, grata y abrumadoramente deliciosa, que simplemente perdemos el control y queremos dejarnos ir. Dejarse ir es, después de todo, de lo que se supone que va el sexo; difícilmente se nos puede culpar de hacerlo cuando lo que anhelamos finalmente se convierte en realidad.

Lamentablemente, la mayoría de las mujeres, incluso si disfruta del éxtasis masculino, no es capaz de ser del todo comprensiva con este abandono. Les gustaría que nos mantuviéramos ahí hasta que también lleguen al clímax, así que tenemos que aprender a tenerlas en cuenta.

Puedes preguntarte si está bien que el hombre llegue primero y después ayude a la mujer. Quizá esto sea teóricamente correcto, pero no funciona muy bien en la realidad. El problema es que, como han señalado las mujeres, la respuesta masculina habitual al orgasmo es la somnolencia. Sea por el gasto de nuestro precioso fluido corporal o por lo que sea, a menudo queremos dormirnos enseguida tras la eyaculación. Además, el coito u otros actos amorosos pueden convertirse en aburridos o incluso dolorosos después del orgasmo, tanto para el hombre como para la mujer. Así que lo acertado es que cuando uno llegue al clímax, el otro llegue poco después. En general, los hombres llegan más fácilmente que las mujeres. En consecuencia, sencillamente es una buena idea que la mujer llegue primero. Y eso requiere que el hombre desarrolle en alguna medida el poder de mantener la potencia.

Sólo hay que aprender. Para aprender, hace falta práctica. Lo que hay que aprender es simplemente a detener la estimulación a tiempo para prevenir el orgasmo. Dicho de otra forma, cualquier persona sexualmente saludable tendría un orgasmo si se le estimula suficiente y apropiadamente. Básicamente es bueno estar tan intensamente excitado cuando estás dentro de tu amante. Sería una pena intentar cambiar eso. Cuando el hombre controla la eyaculación contando hacia atrás de trece en trece y empezando por cinco mil, o visualizando en su mente las partes que componen el motor de su moto, lo está planteando mal; como consecuencia podemos encontrarnos con un hombre ausente con un «pene de madera», cosa que las mujeres no necesariamente agradecen (la parte de la ausencia). La solución no es intentar ser rígido y controlador, sino controlar el orgasmo y la eyaculación. Una forma efectiva de aprender esta habilidad es llegar al borde del orgasmo y detenerse, esperar a que la excitación disminuya un poco y repetir el proceso. Con el tiempo, esto hará posible controlar el orgasmo y la eyaculación.

También puede ser efectivo usar la técnica inventada por Masters y Johnson, que consiste simplemente en apretar el pene por la base del glande hasta que pierda la excitación eyaculatoria. Aún siendo efectiva, personalmente considero esta aproximación algo brutal, ya que otras medidas menores funcionan bien sin tal violencia.

Él necesita descubrir dónde está esa línea divisoria, el «punto sin retorno», para lo cual puede necesitar varios intentos. Mientras más a menudo lo haga, más control tendrá sobre su eyaculación. Aunque esta técnica se puede practicar mientras uno se masturba, lo más deseable es una pareja comprensiva dispuesta a tener paciencia, a ser comunicativa y creativa.

Básicamente, recomiendo que el hombre (preferiblemente encima, donde tiene mejor control) inserte el pene lentamente y se acerque con cuidado al «punto sin retorno». Justo antes de llegar a ese punto, debería parar o salirse hasta que la excitación disminuya. Entonces puede empezar de nuevo, parar, empezar de nuevo, parar, y así.

A muchas mujeres puede parecerles frustrante esta forma de parar y seguir, parar y seguir. El hombre debe ser consciente de esto y continuar estimulándola manual u oralmente mientras él mismo se calma un poco, y estarle eternamente agradecido por su paciencia. Si él puede evitar el orgasmo sin retirarse, sólo quedándose muy quieto, la presión de su hueso púbico sobre el clítoris de ella, unida a algún jugueteo con los dedos, puede mantenerla excitada. Incluso puede que ella llegue. En este momento, por supuesto, ya podemos dejarnos ir tranquilamente, ya que todo esto del autocontrol en realidad está diseñado para darle a ella tiempo suficiente para llegar al clímax.

Finalmente, y esto puede llevar de seis meses a un año de práctica, el hombre será capaz de controlar su eyaculación durante el coito variando el ritmo o la amplitud de sus envites, mientras que mantiene la excitación de su amante. Llegará al borde de la excitación sin eyacular, después de lo cual, su estimulación sexual disminuirá en alguna medida. Entonces puede empujar de nuevo y mantener y repetir este proceso.

Esto refuerza un punto muy importante: mantener la erección durante el coito implica a la mujer tanto como al hombre. Al menos la mitad de la excitación sexual de una persona depende de la excitación de su pareja. Si la mujer no se lo está pasando bien y haciendo su parte para llegar al orgasmo, la prolongación del coito carece de sentido. El coito sin propósito está bien un rato, pero finalmente tiene que haber una coordinación entre las dos partes, o el hombre se verá tentado a dejarse ir. Él necesita saber dónde está ella, si quiere que siga, y si lo que está haciendo le gusta. Una forma de hacer esto es acordar mutuamente que él no llegará al orgasmo voluntariamente a no ser que a ella le parezca bien.

H: «¿Puedo llegar?».

M: «Todavía no, lo estoy pasando muy bien, sólo un poco más... ¿Estás cerca?».

H: «Bueno, pero tengo que ir más despacio un momento».

M: «De acuerdo, me está encantando».

...

H: «¿Puedo llegar ahora?».

M: «¿Quieres de veras?».

H: «Sí».

M: «Vale. No te muevas y déjame que te haga llegar».

...

H: «Ha sido fantástico».

M: «Sí, y ¿sabes qué? Yo también he llegado», o

«Me ha encantado. Ahora es mi turno, cómeme», o

«Ha sido genial, la próxima vez me toca a mí, simplemente abracémonos».

Finalmente, la incapacidad de un hombre para evitar la eyaculación está a menudo conectada con que el sexo sea poco frecuente, especialmente si es joven. En esta situación es posible planificar el tener dos orgasmos. En el primero puede dejarse llevar, y así será mucho más fácil controlar el segundo.

Probablemente, el hombre que aprenda ambas habilidades —el cunnilingus y mantener la erección— encuentre que las mujeres con las que se relaciona sexualmente tienen orgasmos con más facilidad y más a menudo, mientras que él incrementará su propio disfrute. Estas dos habilidades son sólo el principio de lo que un hombre debe saber para ser considerado un buen amante.

11. CONTROL DE LA NATALIDAD, PROFILAXIS Y OTROS DESALIENTOS

Cuando un hombre ama a una mujer, hay algunos temas serios que debe tomar en consideración. Antes los hombres ignoraban con frecuencia estas preocupaciones o asumían que eran problema de la mujer. Pero el hombre cariñoso y responsable debe enfrentarse de pleno a estos hechos de la vida, a veces desagradables. Lo que sigue a continuación puede parecerle ridículamente obvio al lector, pero es necesario que conste para que no quepa duda. Puede que creas que no te queda nada por aprender sobre el tema, pero no puedes ignorar este capítulo.

EL CONTROL DE LA NATALIDAD

El hombre que no sea plenamente consciente de que el control de la natalidad requiere mutua responsabilidad, no se puede considerar un buen amante. A no ser que la mujer sea estéril o que el hombre tenga hecha la vasectomía, el embarazo va a ser una preocupación de la que él tiene que ser partícipe. Cuando se hace el amor, nadie quiere andar preocupándose de cremas, condones o diafragmas. La contracepción es una lata en la sexualidad y muchos hombres prefieren ignorar el tema. Puede que, al cargar sola con la responsabilidad, la mujer sencillamente cruce los dedos con la esperanza de no estar ovulando. O la pareja puede practicar medidas a medias, como el *coitus interruptus* (la marcha atrás, entre nosotros) o practicar el coito durante un rato antes de que él llegue de alguna otra manera. A veces este método funciona; las más de las veces, no es así y se produce un embarazo. El salirse a tiempo es difícil de coordinar, y en cualquier caso el hombre segrega esperma en los fluidos seminales antes de llegar al orgasmo.

En el caso de un embarazo no deseado, el aborto es una consideración obvia. Sin embargo, incluso si excluimos a las mujeres para las que el aborto es moralmente inconcebible, poner fin a un embarazo no es un tema simple. La mujer puede experimentar gran dolor e incomodidad antes, durante y después de la operación. Faltará al trabajo. Puede que tenga náuseas durante las semanas anteriores y que después sangre durante semanas. Puede que necesite un segundo aborto porque el primero no funcionó. Todos estos percances le han ocurrido a una u otra conocida mía y estas incidencias parecen ser la regla más que la excepción. El aborto, además, es una pérdida; y eso sin entrar a considerar lo que creas acerca de cuándo empieza la vida humana. La pérdida de un feto puede ser una experiencia dolorosa y desgarradora para la mujer y también para el hombre. Mucha gente experimenta el aborto con la misma pena y luto que una muerte en la familia.

Así que aunque al hombre le pueda convenir pensar que el aborto es un inconveniente, lamentable pero menor, el hecho es que mientras algunos transcurren sin incidentes, en muchos casos no es así, y ninguno es fácil. Por lo tanto, antes de hacer el amor con una mujer, la única línea de acción responsable del hombre es tener una conversación profunda con ella acerca del control de la natalidad. Además, en su propio interés será mejor tener una pareja que se sienta segura y cómoda, más que una llena de miedos y preocupaciones. ¿Ha estado embarazada? ¿Qué método de control de la natalidad usa o prefiere? ¿Preferiría no realizar el coito? Y ya que están hablando del tema, ¿es propensa a las irritaciones, a los hongos u otras infecciones?

Esto puede sonar espantoso. ¿Realmente estoy sugiriendo que en medio de una escalada de pasión hacia el amor, a medida que se desabrochan las cremalleras y la ropa vuela por los aires, debemos parar y decir, «Un momento, hablemos de anticonceptivos y profilaxis»? ¡Así no es en las películas! El hombre puede sentir que entrar en una conversación seria en ese punto obviamente arruinaría la ocasión. Podríais pensar «Si hay problema, ella lo traerá a colación. Si no lo hace, eso significa que todo va bien».

¡Error! Probablemente ella encuentre el tema tan embarazoso como tú. Puede que no haya problema, de hecho, pero nunca puedes estar seguro, e incluso si no lo hay, ella agradecerá que le preguntes y tu preocupación te hará más querido a sus ojos. Y desde luego ambos deberías saber si alguno de vosotros tiene SIDA o cualquier otra enfermedad.

Finalmente déjame darte alguna información sobre el embarazo, respecto a la que, para mi sorpresa, mucha gente por lo demás muy versada estaba confundida:

- La mujer puede quedar embarazada durante el periodo. La ovulación y la menstruación no siempre van tan separadas como se supone, y el esperma puede sobrevivir durante días dentro del cuerpo de la mujer.

- La eyaculación no es necesaria para que haya embarazo; el coito sin eyaculación puede provocar el embarazo debido a que las secreciones masculinas pre-eyaculatorias están cargadas de esperma.

- Sorprendentemente para algunos, la mujer no tiene que tener un orgasmo para quedar embarazada.

CONTRACEPCIÓN MASCULINA

Hablemos de gomas y vasectomías. Siempre y cuando no se rompan o se salgan, las gomas son la forma más efectiva de contracepción mecánica. Además, son el único medio efectivo para prevenir el contagio o las enfermedades. Por lo tanto, debes saber cómo usarlas. Si sabes ponértelas bien, las gomas pueden ser casi tan buenas como la piel desnuda. El secreto de la goma es la lubricación; la lubricación adecuada en el interior de la goma, entre ésta y tú, y por fuera, entre ésta y tu pareja.

No sé de un lubricante para el interior de la goma mejor que vuestra propia saliva. Lo que viene con los condones supuestamente lubricados no sirve de nada; no desliza. La saliva funciona, resbala y desliza, y es lo mejor. Así que, mucha saliva alrededor de la cabeza del miembro y a desenrollar la goma del todo hasta llegar al hueso púbico. No lubriquéis el cuello, porque la goma debe pegarse, más que resbalar y salirse durante el coito. Si tenéis algún problema con la saliva, el agua es casi igual de buena.

Para la lubricación de la parte exterior de la goma lo ideal es la lubricación natural de una mujer excitada y jugosa, claro. Realmente es buena idea no entrar en la mujer hasta que esté a gusto y mojada, pero algunas mujeres no lubrican tanto aunque estén superexcitadas, así que en esa situación, la saliva sigue siendo buena. El problema es que la saliva contiene gérmenes que podrían causar irritaciones e infecciones en la vagina de tu pareja, así que es mejor hablarlo con ella. Quizá ella quiera probar con tu saliva o con la suya, o usar algún lubricante comercializado. El problema con los lubricantes comprados en las tiendas es que a alguna gente le escuecen y desde luego, saben raro.

Lamentablemente, muchos hombres parecen tenerles una gran fobia a los condones. Concedido: el coito es más placentero sin ellos. Sin embargo, esa no es razón para el firme rechazo de algunos hombres a usarlos. Para que se le vea como un amante considerado, el hombre debe ser capaz de usar condones y estar dispuesto a hacerlo.

VASECTOMÍA

La vasectomía es el otro método masculino de control de la natalidad. Resumiendo, una vasectomía es un procedimiento de cirugía menor de unos 15 minutos de duración que normalmente se hace en la consulta del médico con anestesia local. La operación consiste en cortar los vasos deferentes, los tubos que llevan el esperma de los testículos al pene. Después de cortar los tubos, los extremos que quedan sueltos se anudan. De esta forma el esperma que se produce en los testículos queda bloqueado y se disuelve. El esperma es responsable sólo de un diez por ciento del semen, así que la eyaculación sigue produciéndose. No se ha probado que la vasectomía tenga efectos secundarios negativos a largo plazo, aunque pueden producirse molestias considerables hasta incluso un mes después de la operación. El mayor temor de los hombres en relación con la vasectomía es que sea una suerte de semi-castración que los emascule o peor, les deje impotentes.

Vern, un hombre que finalmente se hizo la vasectomía, me comentaba sus dudas:

> Yo tenía cuarenta y tres años y dos hijos. Estoy divorciado y durante los últimos cinco años he estado pensando en hacerme una vasectomía, pero de alguna forma temía que esto acabara con mi sexualidad.
>
> Una cosa que temía era que las mujeres me encontraran menos sexy o que hubiera algún tipo de efecto a largo plazo. Había oído que se sospechaba que podía haber problemas circulatorios o de corazón. Pero lo que realmente me preocupaba era la pérdida de sexualidad. Lo que finalmente causó que me hiciera la operación fue que me vi implicado en un par de embarazos no deseados y decidí que nunca quería volver a participar en el dolor y el sufrimiento de un aborto. Así que seguí adelante.
>
> Me he dado cuenta de que me siento igual de sexy que siempre y que la reacción habitual de las mujeres cuando se enteran es de gran alivio y agradecimiento. Estoy realmente contento de haberlo hecho y nunca me he arrepentido. De hecho, muy a menudo olvido que soy estéril así que ciertamente no siento ninguna merma en mi hombría.

La vasectomía se puede revertir, aunque el índice de éxito está alrededor del 50 por ciento y el procedimiento es caro. Cuando un hombre tenga una relación monógama a largo plazo y no se estén considerando tener hijos, debería considerar seriamente la vasectomía como gesto de amor para aliviar a su pareja de la carga de la contracepción.

CUÁNDO NO REALIZAR EL COITO

Hay algunas razones por las que no debería haber coito después de haber conversado sobre el tema:

- No hay protección disponible.
- La protección disponible no es del todo satisfactoria para ambos (por ejemplo, ella no confía en las gomas, y tú no confías en los diafragmas).
- Uno de los dos tiene una infección o irritación genital.

Si por alguna razón decidís que no haya coito, no debéis asumir que por ello no podáis practicar el sexo. A no ser que tengas una enfermedad, hay muchas cosas muy agradables, alternativas mutuamente satisfactorias a hacer el amor: cunnilingus, felación, y masturbación mutua. Se recomienda prudencia en relación con el coito anal. Si decidís realizar el coito anal, nunca debes hacerlo sin condón.

Esto se ha dicho mil veces, pero merece la pena repetirlo. El aspecto importante de hacer el amor es el contacto completo de la piel, la ternura, el placer, el éxtasis del orgasmo. Que se haya conseguido mediante el coito o de alguna otra forma no es tan importante como el asegurarse de que ambos están relajados, sin ansiedad, y por lo tanto, abiertos al mayor placer posible. La insistencia en el coito como única forma válida de hacer el amor sexualmente es una obsesión masculina y un obstáculo para la realización sexual.

LA PREVENCIÓN DE ENFERMEDADES

Aquí hay alguna información que merece la pena tener en mente:

- Debes lavarte concienzudamente con agua y jabón antes del coito vaginal si:
  a) Ha habido coito con otra persona, o si
  b) Ha habido coito anal.

En ambos casos es probable que se hayan depositado bacterias en el pene que se pueden multiplicar y causar infecciones en tu pareja. Incluso si te has lavado una vez, debes lavarte antes del coito porque, pasado un tiempo, unas pocas bacterias que permanecieran pueden haber proliferado después del lavado inicial.

- Si una mujer es propensa a las infecciones de orina, o si el hombre es mucho más pesado, ella debería estar encima durante el coito porque la posición con el hombre encima tiende a empujar las bacterias al tracto urinario de ella. En cualquier caso, la mujer debería orinar pronto después del coito para enjuagar el tracto urinario de las bacterias que puedan haber sido forzadas al interior.
- El coito cuando la mujer no está lubricada puede ser peligroso además de desagradable. Puede haber abrasiones y lesiones, que pueden ocasionar infecciones.

La prevención de enfermedades y el control de la natalidad son temas extremadamente importantes para la mujer, y se agradecerá mucho la preocupación del hombre que se las tome en serio. Últimamente, como ahora es posible establecer la paternidad de forma concluyente, los hombres están prestando atención a estas cosas que en el pasado se podían ignorar. Cuando le dedicas algún tiempo a tratar estos problemas, estás estableciendo los cimientos del respeto mutuo y de una mayor intimidad en la relación.

12. LO QUE NOS LLENA, LO QUE NOS ENFRÍA Y LO QUE NOS EMOCIONA

Ahora que hemos dejado atrás la parte deprimente del sexo, podemos avanzar hacia sus deleites: los placeres especiales y las delicias de gourmet de una sexualidad atenta y sofisticada.

LLEGAR JUNTOS

Todos los que han escrito alguna vez sobre sexo tienen alguna preferencia personal que, de una forma u otra, se abre camino en sus escritos. Sea la felación, la masturbación, el sexo anal, el tántrico, o lo que sea, el autor realzará una preferencia de forma no necesariamente consciente. Para evitar este tipo de apuro, revelaré por adelantado que mi *ne plus ultra* sexual es el orgasmo simultáneo, preferiblemente mediante el coito.

Un orgasmo es un emocionante manantial de energía. La descarga energética del orgasmo es suficientemente placentera por sí misma, pero si me está bañando el manantial de otra persona durante mi propio orgasmo, mi placer se multiplica sinérgicamente. Lo que se da, se recibe multiplicado por cien, creando un torbellino vertiginoso de movimiento giratorio en el que la consciencia ordinaria se transforma en placer atemporal, placer por excelencia. Llegar juntos requiere que las dos personas tengan un control razonablemente bueno sobre su orgasmo. Quienquiera que llegue al borde primero, debe ser capaz de contenerse hasta que el otro llegue también.

En mi experiencia, los mejores orgasmos ocurren cuando, después de llegar al borde, ambos se quedan quietos, moviéndose muy suavemente, lo justo para mantenerse en ese límite durante unos minutos cada vez, y después se dejan ir deliberadamente, de una vez y juntos, cabalgando sobre la montaña rusa hasta llegar al fondo. Parece que mientras más tiempo se contenga el orgasmo, mejor resulta al final. Pero hay que tener cuidado para no perder el alto nivel de excitación y no poder regresar a ello. Por cierto, esto no tiene que ser sólo mediante el coito. Ambos pueden masturbarse mientras se abrazan, o pueden llegar juntos por teléfono o Skype.

Como ya señalé antes, no todo el mundo disfruta del orgasmo simultáneo. Alguna gente prefiere hacerlo por turnos, para disfrutar del propio y del de su pareja separadamente. Lo menciono aquí para confesar mi propia predisposición y como un argumento adicional para el desarrollo del control eyaculatorio.

LOS SONIDOS DEL AMOR

Lo instintivo cuando se hace el amor y se disfruta es emitir algún sonido. Lamentablemente tendemos a reprimir tales manifestaciones de placer porque nos avergüenza, o nos da pudor, o porque las paredes entre nuestro dormitorio y la cocina del vecino tienen el grosor del papel. El placer del sexo depende en gran medida de dejarse ir; dejar ir las inhibiciones, la tensión física, o moverse, hablar y cantar las alabanzas del amor. Una pareja sexual que dé rienda suelta a su voz cuando hace el amor puede ser extremadamente excitante.

Cuando estaba casada, mi marido y yo hacíamos el amor totalmente en silencio. Lo pasábamos bien, pero yo no tenía ni idea de lo que nos estábamos perdiendo. Después de divorciarnos conocí a un hombre que, la primera vez que llegó al orgasmo conmigo, me dio un susto de muerte. Después de darme cuenta de que esos eran sus sonidos normales al hacer el amor,

160

y de que él me rogara que yo los hiciera también, mi experiencia sexual se convirtió en algo totalmente nuevo. Como la diferencia entre un débil estornudo que sofocamos, y un bramido telúrico que nos descongestiona.

Con algunos tipos, no sabes cuándo están llegando, sólo puedes saber que se acabó por cómo se relajan. Me siento engañada cuando eso ocurre. Al menos quiero saber cuándo está teniendo el placer del orgasmo. Me encanta ser consciente del modo en que el orgasmo se va acumulando y cuándo se deja ir. Quiero estar ahí, empapándome de todo. Por lo que a mí respecta, mientras más fuerte, mejor.

Dado que normalmente estamos rodeados de gente, es un lujo poco frecuente dar rienda suelta a nuestros sonidos al hacer el amor. Pero es una experiencia incomparable y que merece la pena buscar. Cuando en alguna ocasión puedas llevar a tu amante a la montaña o a la orilla del mar, alejados de la gente, planea hacer el amor al aire libre donde puedas dejarte ir y hacer la cantidad de ruido que se te antoje. Si consigues dejarte llevar, puede arruinarte las ocasiones futuras en las que tengas que sofocar tu placer al hacer el amor, pero al menos sabrás lo que te estás perdiendo. Y si no puedes encontrar el tipo de sitios al aire libre que recomiendo, entiendo que se puede conseguir un efecto similar en la parte de atrás de una furgoneta abierta, en una noche estrellada de verano.

Uno de mis entrevistados refería:

Mi novia y yo fuimos a una cita doble con otra pareja. Habíamos hablado de que queríamos hacer el amor y no teníamos dónde. Así que acordamos hacer turnos al volante y follando. Primero condujimos nosotros y ellos hicieron el amor. Teníamos la radio a todo volumen escuchando música country y conducíamos por una carretera solitaria en Texas bajo una manta. Después fue nuestro turno. La mejor parte es que podíamos gritar y gemir y hacer todo el ruido que quisiéramos. Fue genial y daba un poco de miedo, y fue muy excitante. Gracias a Dios que hay furgonetas, autopistas, música country y buenos amigos.

VIBRADORES

Los hombres tienden a sentirse incómodos respecto a los vibradores. Algunos de nosotros reaccionamos como si representaran un reto para nuestra masculinidad. «¿Por qué habría ella de necesitar (o disfrutar) de un aparato mecánico teniendo mi magnífica herramienta?» nos preguntamos, o «¿Cómo puedo competir con un artilugio turbo-propulsado a megavatios como ese? Se va a hacer adicta al mismo y nunca volverá a necesitarme», o «No es natural; tiene que tener algún problema, cómo disfruta con él». Los vibradores se unieron a la revolución sexual con el advenimiento del movimiento feminista. Al principio algunas mujeres los veían como una alternativa fiable y sin problemas frente a los fastidios del sexo con hombres. Los vibradores no se cansaban; no dejaban de funcionar o empezaban a roncar a medio orgasmo. Se podían desconectar en cualquier momento sin que protestaran, no pedían nada, y no te dejaban embarazada. Así que, de alguna forma, la reacción de los hombres no es totalmente descabellada; más de una mujer ha considerado la posibilidad de plantar a un hombre problemático al descubrir uno de estos competidores de alta tecnología. Cuando hace quince años estaba negociando la publicación de este libro en Francia, el editor quería excluir esta sección. «Las mujeres francesas no necesitan *vibro masseurs*», alegaba. El libro nunca fue publicado en Francia.

En realidad está bien entrar en una relación a tres bandas con una mujer y su vibrador. Un toque de competición puede ser bueno, y el hecho es que algunas mujeres (no todas) se lo pasan perfectamente bien y les es fácil llegar con la ayuda de uno de estos pequeños ayudantes, mientras que encuentran difícil o imposible hacerlo sin él. Mi sugerencia es que te hagas amigo de ellos y los integres en la familia. Un vibrador puede ser poderosamente útil en ese punto cuando al hacer el amor lo has intentado todo, te están dando calambres, y puedes caer en la tentación de abandonar.

H: «¿Te gustaría encender el vibrador, encanto?».
M: «¿Te importa, cielo?».
H: «En absoluto, cariño; ¿por qué no sigues tú, y yo entro en tus azucarillos desde atrás?» o «¿Por qué no usas a tu amiguito mientras yo te estrecho entre mis brazos?».

De cualquier forma, puedes convertir una molesta experiencia en una animada diversión.

CONCEPCIÓN CONSCIENTE

Con toda esta charla sobre sexo, la gente a menudo olvida que la principal función de la sexualidad es la concepción. La sexualidad y el ritual de apareamiento son una forma instintiva de conducta reproductiva sobre la cual hemos elaborado una actividad humana única, hacer el amor. El amor no es un requisito previo para la concepción, pero cuando uno de los componentes es el amor, la experiencia sexual llega a un pico extraordinario.

Hacía cinco años que nos conocíamos, y dos que estábamos casados. Ambos queríamos tener un hijo, y cuando finalmente lo decidimos e hicimos el amor sin anticonceptivos, sin miedos, con completo abandono, la experiencia no tuvo parangón en todos mis años de hacer el amor. Nuestra sexualidad era muy poderosa, y habitualmente llegábamos juntos. Normalmente, ella empezaba a tener un orgasmo y sus contracciones vaginales me disparaban, pero siempre estaba el anticonceptivo, la goma o el diafragma entre nosotros, y la preocupación de un posible embarazo, por pequeña que fuera.

Pero cuando hicimos el amor para hacer un bebé, todos los obstáculos habían desaparecido. Podía sentir su vagina contrayéndose y literalmente succionando el orgasmo de mí. Podía sentir la corriente de mi semilla a través del pene y ella podía sentir cómo salpicaba contra su cérvix y cómo la succionaba hacia su útero. Ambos teníamos la misma sensación de estar enchufados a una brillante bola de energía blanca y pulsátil; nuestro dulce bebé. El sexo es maravilloso pero esto fue más que sexo; fue amor, pasión, y concepción todo en uno. Para no olvidarlo nunca, y por siempre asociado con nuestro encantador hijo.

La experiencia de la concepción amorosa y consciente, que todos merecemos pero pocos tienen, siquiera una vez, es una de las supremas expresiones del acto amoroso. Cuando un hombre ama a una mujer, éste está entre los actos más amorosos que puede llevar a cabo, y si ambos son felices con las consecuencias, es de veras un hombre afortunado.

13. COMPROMISO, AMISTAD, CELOS, HONESTIDAD Y OTROS ESTUDIOS DE POSTGRADO

Hasta ahora he hablado acerca de los fundamentos de una vida emocional y sexual bien ordenada y efectiva. Discutamos ahora algunos temas emocionales importantes en un nivel más avanzado.

COMPROMISO

Muchos de los problemas entre hombres y mujeres son en realidad problemas de compromiso. El compromiso es un concepto muy importante en las relaciones entre hombres y mujeres, y objeto de serias preocupaciones para la mayoría de los hombres. Algunos hombres no pueden comprometerse en absoluto; otros se han comprometido una vez y han salido escaldados, así que temen que les hagan daño de nuevo. Algunos hombres piensan que están comprometidos con alguien y descubren que no es así. Algunos sienten que aún no están listos para «sentar la cabeza» y temen renunciar a su libertad.

Cuando no podemos comprometernos con una persona específica, puede que sea porque tememos que no sea la persona adecuada. Este temor es especialmente fuerte para aquellos hombres para los que comprometerse puede significar que aceptan ser proveedores de alimento, ropa, techo, transporte, y todas las necesidades materiales de la mujer, más una cantidad indeterminada de hijos, durante el resto de su vida. Además de todas estas obligaciones, está aceptando no volver a tener relaciones sexuales íntimas con otra mujer nunca más. Dada la magnitud de las responsabilidades y las renuncias, tiene sentido que temamos estar cometiendo un error al elegir a una persona que no sea perfecta.

Por alguna razón, las mujeres no tienen tanto temor al compromiso. Puede que sea por causas genéticas o porque lo que se espera de ellas no parezca tan oneroso, aunque a decir verdad, a largo plazo puede serlo incluso más. Por supuesto, a medida que las mujeres obtienen poder en el mundo y descubren alternativas a la crianza de los hijos y la creación de un hogar, estos patrones ya no están tan claros y lo que se ha dicho sobre los hombres puede decirse ahora de las mujeres y viceversa.

El comprometerse en una relación íntima, primordial, de por vida, es más que nada, una actitud. Es la intención sincera que tenemos hoy, de estar por completo dedicados a una relación. Sin embargo, el compromiso no es una bola de hierro atada al pie con una cadena. Sólo quiere decir que estamos dando todo lo que tenemos ahora y que sinceramente tenemos la intención de continuar haciéndolo. El que ese compromiso continúe en el futuro depende, de hecho, de cómo evolucione la relación.

El compromiso es necesario en una relación íntima a largo plazo, pero no garantiza la felicidad ni el éxito, como veremos. La declaración básica del compromiso es: «Te quiero incondicionalmente; estoy contigo sin reservas, y no espero a nadie mejor con quien estar».

Veamos la relación entre Sara y Eric, que forman parte de una relación íntima, sexual, a largo plazo; es decir, están casados. Asumimos, y ellos asumen, que están mutuamente comprometidos. Eric, sin embargo, está apático en la relación. Su mirada vaga. No es afectuoso con Sara sino que coquetea con otras mujeres, lo que hace que Sara esté loca de celos. Él dice que no es celoso, y le molestan los celos y las demandas de Sara.

Una forma de comprender y analizar la situación es que Sara es posesiva y Eric no lo es, pero lo que puede estar ocurriendo realmente es que Sara esté comprometida con Eric, pero Eric no esté comprometido con Sara. El compromiso es la cuestión entre Eric y Sara, más que cualquier otra consideración. A menudo es difícil evaluar si una persona está comprometida con otra porque la gente miente acerca de sus compromisos. Hay un fuerte sentimiento de culpa asociado a la idea de entrar en una relación íntima seria cuando no se está realmente comprometido. Muy poca gente está dispuesta a admitir su nivel real de implicación. Cuando el compromiso es débil, la cantidad de camuflaje y desconcierto puede ser asombrosa (véase un poco más adelante en este capítulo la sección «Sinceridad»).

No se puede establecer un compromiso sin un nivel razonable de confianza, y la confianza es un estado mental escurridizo. Las mujeres tienen toda la razón al creer que el interés masculino en ellas está motivado por una intensa necesidad de cuidado emocional y sexual, y que el proporcionarlo no necesariamente lleva más allá en el compromiso. De la misma forma, los hombres temen justificadamente que las mujeres están interesadas en ellos como proveedores de sus necesidades físicas o apoyo emocional y que una vez que el compromiso haya quedado asegurado, no cabe esperar mucho a cambio. Tanto hombres como mujeres temen razonablemente quedar atrapados en acuerdos que amenazan con ser insatisfactorios o que los exploten y los aten el resto de sus vidas. En consecuencia, comprometerse es un proceso que requiere y merece una cuidadosa atención a los temas prácticos y emocionales:

Después de que Katryn y yo fuéramos amantes durante dos años, se hizo obvio que debíamos tomar algunas decisiones. Yo me hubiera quedado contento tal como estábamos, pero ella se estaba impacientando. Quería saber con qué podía contar. Por lo demás, quería seguir adelante. Estaba enamorada de mí y quería tener hijos. Así que era el momento de pescar o cortar el anzuelo.
Estaba aterrado. Ella se dio cuenta de que yo no estaba implicado. Así que intenté salirme, pero eso no funcionó. De verdad

la amaba. Hablamos de lo que todo esto significaba. Le hablé de mis miedos; a quedar atrapado, a no poder volver a mirar a otra mujer. Hablamos de los platos, de pañales, de las salidas con los chicos y las chicas. Parecía posible y acordamos un montón de cosas e incluso las escribimos. Me zambullí, y finalmente nos casamos. Casarse fue fácil una vez que acepté el compromiso. Estoy contento de haberlo hecho, pero no sé si hubiera funcionado sin ese periodo de discusión.

RELACIONES CONTRACTUALES

El ejemplo de Katryn y Jack incide sobre la necesidad de explorar cuáles van a ser los acuerdos reales y cotidianos de la relación. El compromiso es esencial, pero, como ya he dicho, es sólo una actitud; no se ocupa de los platos, de los pañales, de las amistades y relaciones externas y de sacar la basura Por ejemplo, el viejo acuerdo no especifica qué ocurre si Katryn decide volver a trabajar después de que nazcan los hijos. Quizá resulta que Jack asume que una vez que los hijos nazcan, ella va a reducir su jornada de trabajo, o a dejarlo para concentrarse en la crianza de los niños y el trabajo de la casa, mientras que ella tiene ambiciones profesionales más elaboradas. Puede que ella inicialmente compartiera la asunciones de él, pero que después empiece a sentirse inquieta e insatisfecha. Las relaciones de hoy cuestionan todas las asunciones previas y requieren una mirada nueva y concienzuda. Por ejemplo:

1. ¿Quién va a cocinar, fregar los platos, y a hacer el trabajo de la casa? Si se va a compartir, ¿quién va a hacer cuánto y cuándo? ¿Están los acuerdos abiertos a modificación? ¿Cómo?

2. Si se quiere tener hijos, ¿cómo se va a tomar la decisión de quedar embarazada? ¿Quién va a alimentar al bebé, a cambiarle los pañales y a levantarse por la noche? ¿Quién va a cuidar a los niños, a llevarlos al colegio, al médico, etcétera? ¿En qué proporción?

3. ¿Cuánto tiempo van a pasar juntos? ¿Cuántas noches libres va a tener cada uno? ¿Pueden los amigos, incluso los

muy íntimos, tener pretensiones emocionales sobre alguna de las partes en la pareja? ¿Qué amigos? ¿En qué medida?

4. ¿Cómo se va a manejar el dinero? ¿Cuentas separadas? ¿Una cuenta con acceso ilimitado? ¿Asignaciones? ¿Consulta previa cuando se vayan a hacer grandes gastos?

5. ¿Cuánto y qué tipo de sexo espera cada una de las partes del otro? ¿Cómo lo pedirá si quiere practicar el sexo y cómo declinarán si no?

6. Hoy día, ni siquiera algo que era un pilar mismo del matrimonio, como la asunción de que éste era monógamo, puede darse por supuesto; ¿Cuáles van a ser las asunciones sobre otras parejas sexuales? ¿Monogamia total? ¿Sólo en viajes de más de 800 kilómetros? ¿Nunca con amigos? ¿De acuerdo, pero no me lo cuentes? (No se recomienda pues requiere mentir).

7. ¿Cómo de sinceros van a ser el uno con el otro? ¿Sinceridad absoluta, o mentiras piadosas? ¿Si no me preguntas, no te cuento, o revelación completa? Si él se siente medianamente atraído por la mejor amiga de ella, ¿está obligado a no mencionarlo nunca?, ¿o es su deber compartir todos sus sentimientos? Si ella tiene pequeñas dudas o rencores, ¿debe decírselo a él? ¿O puede ahorrarse el esfuerzo y guardárselos mientras sean de poca importancia? (Yo recomiendo sinceridad absoluta).

Si dos personas están contemplando la posibilidad de pasar juntos el resto de sus vidas y de traer hijos al mundo, deberían pensar en debatir sobre todos estos temas antes de contraer el compromiso último. Se supone que el matrimonio es la señal del compromiso. En la mayoría de los casos, aquellos que se casan tienen intención de que sea para toda la vida. Aun así, sabemos cuántos de estos compromisos no funcionan.

Las peticiones de mano, despedidas de solteros, y ceremonias matrimoniales no necesariamente producen relaciones comprometidas a largo plazo, aunque pueden ser efectivas para cimentarlas. En cambio, las relaciones comprometidas son el resultado de un conjunto mucho más complicado de circunstancias; confianza mutua sobre una base segura, conexión sexual y amorosa, compatibilidad, interés mutuo, y acuerdos factibles. A medida que las asunciones tradicionales devienen obsoletas, el debate entre personas emocionalmente educadas se convierte en la mejor forma de establecer acuerdos mejores y más modernos, que satisfagan a las dos partes. Como dice mi buen amigo, el Dr. David Geisinger, «Una relación sólo puede ser tan buena como lo sea su diálogo».

CÓMO SER UN BUEN AMIGO

Al fin y al cabo, el hombre que ame a una mujer debería ser buen amigo suyo. La amistad a menudo precede al enamoramiento y al compromiso final. De hecho, el matrimonio entre amigos que finalmente se enamoran tiene más probabilidades de éxito porque cuando salen de la bruma del enamoramiento, siguen conociéndose y gustándose el uno al otro. Si se desenamoran pero quieren mantener el contacto, la amistad en una opción muy deseable.

En consecuencia, saber ser un buen amigo es una habilidad importante para un hombre. No siempre está claro cómo es un buen amigo, lo que hace y lo que no. Las siguientes son cuatro reglas de la amistad, que he encontrado válidas y útiles. Uno puede intentar ser buen amigo incluso si no hay acuerdos o ni siquiera exista una relación mutua clara. Pero lo ideal es que la amistad sea una relación consciente que implique por igual a las dos personas. Cuando una relación parece progresar en la dirección de convertirse en amistad, merece la pena formalizar el proceso reconociéndola y adoptando acuerdos en esa amistad, que hay que tomar tan en serio como el contrato matrimonial o cualquier otro contrato entre dos personas.

Estas son las cuatro reglas:

1. Estamos de acuerdo en participar por igual en la amistad, en trabajar igual de arduamente para mantenerla viva, en no descuidarla, y en estar disponibles cuando el otro nos necesite. 2. Estamos de acuerdo en ser totalmente sinceros el uno con el otro. (Véase «Sinceridad», más adelante.) 3. Estamos de acuerdo en pedir lo que queremos, en no hacer nada que no queramos hacer, y en estar siempre dispuestos a negociar para obtener un compromiso mutuamente satisfactorio. 4. Estamos de acuerdo en pasar juntos cierta cantidad de tiempo y en decírselo al otro cuando nuestro compromiso con la amistad se debilite. Si hay que cambiar la cantidad de tiempo que pasamos juntos, estamos de acuerdo en darnos un preaviso razonable de forma cuidadosa y cariñosa.

Todo esto suena muy poco natural y forzado, especialmente entre dos hombres, pero no necesariamente tiene que serlo: normalmente cuando surge un conflicto entre amigos, es porque la gente nunca habla sobre lo que asume respecto a la amistad, y estaría avergonzado de traer el tema a colación. Pero tales discusiones se pueden abordar de forma relajada y con gracia, y los beneficios de hacerlo, y los peligros de no hacerlo, deberían ser un argumento de peso para superar esta renuencia.

Cuando hay amistad, el tiempo que pasamos junto a la otra persona puede ser unas horas al mes o a la semana, mientras que en el matrimonio puede que entreguemos al otro todas las noches, la mayoría de las tardes, y una gran proporción del tiempo libre. Dos amantes pueden ponerse de acuerdo en pasar juntos dos o tres noches y tardes y un fin de semana al mes, pero reservándose las demás noches y días para sí mismos y otras personas.

En cualquier caso, es necesario adoptar acuerdos y seguirlos, o cambiarlos mediante mutuo consentimiento. Cuando los acuerdos no están claros sino que se sobreentienden, la relación puede funcionar si, por un afortunado accidente, lo que las dos personas quieren es razonablemente parecido. Cuando dos personas entran en una relación queriendo cosas diferentes pero sin discutirlas, dando por supuesto que están de acuerdo, sólo puede haber problemas.

Por ejemplo, es muy común que la gente tenga diferentes ideas sobre la fidelidad y la monogamia. Consideremos el siguiente caso:

Varios meses después de conocerse y de salir de forma bastante estable, Sara descubre que Daniel (a quien ella sabe que le encanta flirtear) ha salido con otra mujer. Ella está muy alterada, aunque se da cuenta de que él nunca consintió en salir exclusivamente con ella. Él está molesto y es poco comprensivo, y ambos tienen una enorme pelea.

El problema es que nunca han discutido la naturaleza de su nueva relación. Resulta que debido a que hacían el amor, Sara asumió que habían sellado un acuerdo de monogamia entre ambos. En realidad Daniel en ningún momento lo vio así. Él no asumió tal acuerdo (aunque sospechaba que ella sí lo había asumido), pero nunca se sintió con ganas de mencionarlo. Ahora se da cuenta de que no quiere que la relación sea tan seria. La relación sólo puede sobrevivir si debaten sobre las expectativas y la disposición que cada uno tiene a cumplirlas.

A menudo la amistad se considera una relación de segunda clase comparada con los compromisos exclusivos e íntimos. En consecuencia, se asume que la amistad quedará en un segundo plano cuando una de las dos partes se implique más seriamente con una tercera persona. Rebajar la importancia de la amistad respecto a las relaciones supuestamente «primarias» es un error. Las buenas amistades a menudo duran más y puede ser igual de valiosas, si no más, que las relaciones «primarias». En cualquier caso, son complemento inestimable de las relaciones primarias ya que proporcionan un equilibrio, alivio y apoyo que se añade a la fuerza de las relaciones comprometidas.

Si una amistad va a ser seria, debe dársele estatus de primera clase, sin tener en cuenta otros derroteros que pueda tomar la vida amorosa de uno. En tiempos difíciles con mi pareja, los amigos me han ayudado a aclarar lo que estaba haciendo mal, me han dado apoyo moral, me han brindado su sentido del humor, han escuchado mis quejas sin tomar partido, o han tomado partido cuando ha sido necesario, me han despejado la cabeza de los problemas, me han llevado al cine y me han dejado que me quedara a dormir en su sofá. En los buenos momentos han enriquecido mi vida con su presencia y puntos de vista, hemos cocinado, cuidado a nuestros hijos, cotilleado, me han dado consejo y me lo han pedido acerca de sus problemas, hemos ido de viaje y hemos celebrado juntos la vida.

Éste ha sido el caso porque yo me tomo a mis amigos tan en serio como a mis relaciones comprometidas y nunca los relegaría a un segundo plano; ni podría aceptar ser amigo de alguien que trate mi amistad de esa manera.

SINCERIDAD

Ser sincero es, en mi opinión, la única opción en una relación que pretenda ser duradera, íntima y comprometida. Las mentiras son la influencia más corrosiva en las relaciones, a pesar de las canciones populares y los consejos precipitados acerca de las mentirijillas piadosas. Concedido, la verdad es a veces difícil de admitir. Pero ir con la verdad por delante hace menos daño que si ésta sale a la luz después de meses o años de complejas mentiras acumuladas.

La sinceridad es la base de la confianza, una base segura; sin ella una relación es como un castillo de naipes, que se derrumbará a la primera falta de sinceridad. Cuando se destruye la confianza en una relación, lo que queda sólo puede ser la sombra de lo que fue.

La sinceridad obviamente requiere que no se digan mentiras. Pero, igual que ante los tribunales, la completa sinceridad requiere «la verdad, toda la verdad y nada más que la verdad». Decir sólo la verdad es igual de importante que evitar las mentiras por omisión. La mejor política, aunque muchos lo discutan diciendo que es muy arriesgado y demasiado trabajoso, es una política de total sinceridad.

Hay quien argumenta que la completa sinceridad es innecesariamente cruel. «¿Por qué hacerle un daño gratuito a mi mujer contándole todo lo que me pasa por la cabeza?».

En primer lugar la sinceridad total requiere cierto juicio en cuanto a lo que hay que decir. Obviamente no es posible hablar de cada trivialidad, pero normalmente está bien claro que algunas cosas no son triviales, sino bastante importantes. Éstas son las cosas que hay que decir.

La razón es doble. Primero, tenemos que recordar cada mentira que decimos y esconderla para no revelarla. Las mentiras se articulan entre sí y finalmente toman una parte substancial de la consciencia de una persona de forma que al final, la persona virtualmente tiene que llevar una doble vida mental. La intuición femenina no es un mito (aunque por supuesto que los hombres también son intuitivos) y el hombre cuya mente esté distraída por su propia maraña de mentiras, tendrá a su mujer siempre en ascuas y constantemente suspicaz.

Segundo. Mientras que las mentiras piadosas pueden mantener la paz día a día, muchas relaciones se vienen abajo cuando aquello que estaba oculto, sale a la luz.

Si Mateo le dice a Sara que piensa que su amiga Joanna es guapa, y a continuación le asegura que ella es la mujer con la que quiere estar, cabe esperar que Sara supere razonablemente cualquier inseguridad que esto le desencadene. Pero si él se ve atraído por Joanna y lo niega cuando Sara le pregunta, si después Sara se los encuentra charlando animadamente y teniendo contacto físico aunque mínimo, se podrá volver suspicaz y celosa.

Puede que a partir de entonces le observe y se convenza de que él es infiel y esté enfadada, incluso sin saber por qué. Para cuando ella finalmente le hable de sus sospechas, puede que se haya hecho ya mucho daño: ella ha dejado de confiar en él, y al darse cuenta de cómo han cambiado sus sentimientos, él ha comenzado a sentirse criticado y poco amado. Una fugaz atracción que podía haber sido admitida y olvidada fácilmente acaba sembrando las semillas de la disolución. Por esto la sinceridad y la revelación abierta son tan importantes.

La objeción más frecuente a esto es que la sinceridad puede ser y a menudo es una forma sutil de crueldad que no tiene nada de recomendable. Por supuesto que es cierto que uno puede usar la «sinceridad» como método para castigar a aquellos con quienes se enoja. Incluso si no estamos enojados podemos ser sinceros de una forma desconsiderada, sin tener en cuenta las vulnerabilidades de los demás.

Una relación basada en la sinceridad y la verdad, es sin lugar a dudas, más fuerte y más agradable que una trufada de evasivas y medias verdades. Pero la sinceridad no implica mala educación ni falta de consideración. Cuando vayamos a sincerarnos sobre algo que puede hacerle daño a la otra persona, debemos pedir permiso para ser sinceros y hacer las cosas de forma considerada, comprensiva y cariñosa. Sólo entonces la sinceridad obrará su magia, y magia es lo que obra a la hora de hacer que las relaciones funcionen.

Averiguar Lo Que Uno Quiere Y Pedirlo

Ser sincero incluye decir lo que uno quiere o no quiere y lo que uno siente. Pedir lo que uno quiere es especialmente importante para los hombres. Tradicionalmente hombres y mujeres esperaban que ella supiera lo que él quería y que se lo diera sin que él tuviera que pedirlo. Esta expectativa puede ser desastrosa con la mujer moderna, que quizá espere a que él pida. Puede que él no esté dispuesto o no sepa pedir lo que quiere y que se ofusque si ella no da cumplimiento a sus deseos secretos. De esta forma pueden comenzar serios malentendidos, y sólo hay una solución; los hombres tienen que aprender a pedir lo que quieren.

CELOS

Las reglas del compromiso parecen demandar que encontremos todo lo que necesitamos en una persona. Pero es probable que la mujer moderna tenga otros intereses además de su pareja. Puede relacionarse y ser amiga, incluso tener una amistad profunda y duradera con otros hombres. Los hombres pueden darse de bruces con una intensa sensación de celos.

«Un hombre posesivo», me dijo una amiga mía, «es una carga total. En el momento que siento que un hombre va a intentar seriamente ser mi dueño, pierdo interés. Me da igual si es un hombre de ensueño, rico, sensible, lo que sea. Veo un hombre posesivo, y corro en dirección opuesta tan rápido como puedo. Quiero que me amen, no que me posean. No estoy interesada en tener un ramillete de amantes diferentes, pero estoy aún menos interesada en tener a un gran hombre baboso dependiendo de mi».

Los celos, ese monstruo de ojos verdes, son una emoción muy temida y muy mal entendida. Algunos creen que los celos son una emoción indigna, algo que un ser humano evolucionado debe reprimir. Algunos dicen que no son celosos, pero descubren que esta creencia se desmorona cuando se la somete a una prueba seria. Algunos están orgullosos de ser fuertemente celosos ya que creen que eso es evidencia de un amor igualmente fuerte.

Hasta donde yo sé, hay dos situaciones principales que provocan los celos. Una forma de celos tiene que ver con el amor y la otra tiene que ver con el control.

LOS CELOS DE CONTROL

Cuando los celos tienen que ver con la posesión, están conectados con instintos primitivos, territoriales. El deseo de alguna gente de definir su propiedad y de ejercer control sobre la misma se manifiesta con sus parejas sexuales en forma de celos. Cuando sentimos este tipo de celos, no estamos dispuestos a aceptar la pérdida de control sobre un objeto que poseemos. Puede que ni siquiera la amemos o nos importe la persona, pero de todas formas nos sentimos poderosos al controlarla. Puede que nosotros mismos estemos implicados con otras amantes, pero contemplamos a esa persona como «nuestra». Se cree que los celos son un signo de la fuerza de nuestro amor y del apasionamiento que sentimos, pero la gente que padece celos controladores está controlada por su necesidad de poseer y tener poder sobre otra persona. Visto bajo esta luz, es difícil ver los celos como una emoción positiva digna de ser asociada con el amor.

CELOS POR DÉFICIT

Una segunda forma de celos tiene que ver con un sentido del intercambio injusto. Cuando la gente entra en las relaciones, de forma bastante natural se ofrecen amor el uno al otro, cuidado, apoyo, beneficios físicos y materiales, todo ello sin discutir los términos concretos del intercambio, sino asumiendo, o esperando, que el intercambio sea justo. Pero la justicia no necesariamente se da. Después de la oleada de excitación romántica inicial, las cosas se asientan en un patrón que con frecuencia no es equitativo.

María escucha todo lo que dice Juan, mientras que Juan tiende a fijar una mirada inexpresiva cuando ella le habla a él. Cuando Juan está enfermo, María lo deja todo para cuidarlo, mientras que cuando María está enferma Juan parece incapaz de poco más que los gestos de ayuda más someros.

María es generosa en su amor a Juan. Le toca, acaricia, y abraza, mientras que Juan rara vez le muestra agradecimiento o le devuelve los favores.

Ahora digamos que Juan comienza a dar su atención y afecto a otra persona, en la oficina y después de las horas de trabajo. Ahora pasa tiempo, sonríe y coquetea con Jane. Vuelve a casa oliendo a alcohol y perfume, y de un humor exuberante.

A continuación María puede sentirse razonablemente celosa. Éste no es un problema de posesión, sino una violación de un acuerdo de intercambio, y deja a María injustamente tratada. La relación entre María y Juan es una en la que ya existe gran dosis de injusticia; María le da mucho a Juan, emocionalmente, a cambio de lo cual obtiene muy poco. Si ahora Juan comienza a otorgar algunos de sus mezquinos beneficios a otra persona, María puede experimentar un sentimiento cegador de celos que no están tan relacionados con la posesión como, comprensiblemente, con un sentido herido de la justicia.

GESTIONAR LOS CELOS

Para gestionar los celos se requiere la convicción de que las emociones son una parte importante de nosotros mismos que debemos tener en cuenta y considerar. Pero también debemos recordar que pueden ser destructivas, operar contra el buen juicio, y conducirnos a hacer cosas que no queremos hacer. Si los celos amenazan con abrumarnos, la buena gestión emocional requiere que controlemos nuestros impulsos de acusar, atacar, o montar una escena, y que, en su lugar, determinemos la fuente de los mismos.

Cuando sintamos celos, la primera tarea es la de determinar si se trata de celos de control o por déficit. Es importante ser capaz de expresar pronto, con franqueza y sin sentimiento de culpabilidad, las diferentes circunstancias en las que los celos han surgido. En el capítulo siete se esbozan los pasos diferenciados; declaraciones de acción/sentimiento, validación de las intuiciones y fantasías paranoicas. Sea suficiente con decir aquí que se trata de una decisión de vivir de acuerdo con los principios propios de justicia, equidad y libertad, más que a merced de nuestras emociones.

Cuando estemos en las garras de los celos de control es de ayuda decirse a uno mismo cosas como:

- «La quiero pero no es de mi propiedad».
- «Si de verdad la quiero, voy a confiar en ella y a dejar de intentar controlarla».

- «Su libertad (y la mía) son más importantes que mi deseo de dominar».

Cuando los celos que experimentemos sean de déficit, tenemos que gestionar el déficit y la injusticia y no ahuyentaremos los celos mediante el mismo tipo de acto de voluntad que sugiero para los celos de control, sino que hay que corregir las desigualdades que causan el malestar. Parte del proceso es responsabilizarse de aceptar la injusticia en primer lugar. Cuando hay celos por déficit, hay que acordar hacer cambios en la relación, para que ésta sea justa.

Cuando estemos en las garras de los celos por déficit es de ayuda decirse a uno mismo cosas como:

- «¿Cuáles son las injusticias que dan causa a mis sentimientos?».
- «¿Cuánto tiempo hace que se da esta injusticia? ¿Por qué la he aguantado?».
- «¿Qué puedo hacer para dejar de sentir estos celos? ¿Puedo pedir lo que necesito?».

Este debate acerca de los celos pretende ser una introducción al tema de la educación emocional y su importancia en las relaciones entre hombres y mujeres. En ningún caso pretendo dar a entender que la insatisfacción entre hombre y mujer sea siempre el resultado de la falta de compromiso o de la injusticia. Muchas relaciones mutuamente comprometidas y eminentemente justas flaquean por otras dificultades; falta de entendimiento, aburrimiento o incompatibilidad. Pero una relación comprometida, sin mentiras ni celos es un cimiento sólido sobre el cual un hombre que ame a una mujer puede darle lo que ésta quiere y necesita, asegurándose así de que él obtiene lo que a su vez quiere y necesita.

CONCLUSIÓN

Un hombre que ame a las mujeres y quiera participar en los cambios radicales que las mujeres están experimentando, tiene que estar preparado para realizar en paralelo sus propios cambios en el proceso.

Como un requisito para la supervivencia de la especie, nosotros los hombres estamos genética y socialmente programados para ser infraemocionales y suprasexuados. Parece ser que ahora muchas mujeres están pidiendo que abandonemos ambas tendencias en favor de sus opuestos: más sentimientos y menos sexo.

En la larga historia de su liberación, las mujeres han pasado por ser desde una propiedad de los hombres —no muy diferentes al ganado—, a ser quemadas como brujas por actuar como comadronas y parteras en oposición a los hombres médicos, a ver denegado su derecho al voto para al final conseguirlo, a lograr el control de los procesos y placeres reproductivos, y a empezar a obtener la paridad laboral y la igualdad de salarios. En los albores del tercer milenio las mujeres están empujando fuerte, y se están autoafirmando en su sexualidad de una manera particularmente inquietante para los hombres.

Deja que me explique. Retrocediendo históricamente cuanto queramos, los hombres han obtenido lo que han querido de las mujeres, especialmente de las que formaban parte del hogar como esposas, pero también de las hijas, sirvientas o esclavas. La programación genético-sexual masculina, diferente a la de las mujeres, es básicamente un impulso físico frecuente y cíclico, no muy diferente del de comer y excretar. Al poseer la superioridad física y de poder, y con frecuencia

181

desinhibidos por el alcohol, los hombres, propulsados por el placer y el impulso extremo del orgasmo, han impuesto sus necesidades mediante la violación en el peor de los casos, o en la forma que en el capítulo 8 aparece caracterizada como «besar, chupar, follar, llegar, roncar». La mayoría de las mujeres no han tenido más alternativa que transigir, siendo sus únicas vías de escape la huida y la locura.

No obstante, últimamente una nueva generación de mujeres ha llegado a darse cuenta de que este ritual masculino, que pudiera ser eficaz para la propagación de la especie, no favorece las modernas necesidades de las mujeres para la conexión sexual y para una base emocional segura. Las mujeres están descubriendo que tienen el derecho para decir simplemente «Ya sabes cariño, no te ofendas pero no estoy interesada en *eso*», con escasa sensación de culpa o de obligación ante la consternación que la seguridad en sí misma pueda provocar en su compañero masculino. Al mismo tiempo están teniendo que enfrentarse y manejar los juegos de poder de los hombres, los enfados y los sentimientos heridos como consecuencia de lo que ellos —los hombres— ven como juego sucio e incluso como una traición. Ante tal presión —la de pensar que una mujer con una salud sexual y emocional correcta debería hallar agradable ese ritual masculino— ellas mismos se han resignado a eso, con tal de llevar algo de emoción y amor al asunto.

Al mismo tiempo, cuando encaramos la posibilidad de la frustración sexual crónica, nos preguntamos si lo que las mujeres quieren que seamos es suficiente para colmar nuestras necesidades. El nuevo contexto masculino garantiza algo de discusión: «¿Qué vamos a hacer con las reivindicaciones de las mujeres ahora que hemos abandonado nuestro poder sobre ellas?».

Habiendo abandonado nuestras maneras machistas y ansiosos por ejercitar nuestros corazones abiertos y recién descubiertos, podemos encontrarnos con que para cooperar con las necesidades de las mujeres tendremos que bajar el tono de nuestra impaciencia sexual y desarrollar satisfacciones sexuales completamente nuevas. Muchos hombres están recurriendo a la pornografía de Internet y a la masturbación como forma de aliviar la presión del acto sexual, y así hacer hueco para un acercamiento más suave. Algunos hombres y sus compañías femeninas están hallando esto aceptable. Otros no. Seguramente habrá que encontrar mejores soluciones y yo no las veo provenir de los actuales expertos sexuales, que hasta ahora continúan enfocados en enseñar a los hombres mejores juegos preliminares como solución universal.

Muchos hombres hallan alivio a sus frustraciones con las mujeres mediante el enfado, a través de bromas machistas, con la ironía sutil en el puesto de trabajo o en conversaciones misóginas sólo para hombres en el bar del vecindario. Esto es poco constructivo, aunque está a medio camino; para descubrir nuestro potencial post-reproductivo podemos beneficiarnos de la confraternización con otros hombres pero sólo si dejamos aparte nuestro resentimiento, dejamos de enfadarnos y emprendemos un acercamiento comprensivo, empático y cooperativo que busque satisfacer tanto a nosotros como a nuestra pareja.

Liberados de las asunciones masculinas limitantes que nos han mantenido compitiendo unos contra otros, temerosos de apreciar y confiar en los demás como hombres, podemos descubrir que la compañía masculina afectuosa es el nuevo hito en nuestro desarrollo como seres humanos.

Así que cuando un hombre ama a una mujer, luchando consigo mismo para darle la clase de amor que ella necesita y quiere mientras que a la vez él mantiene su ímpetu masculino, también puede descubrir que está abierto a encontrar su identidad masculina auténtica en la compañía de otros hombres: padres, hijos, hermanos y amigos, a quienes cariñosamente dedico este libro.

REFERENCIAS BIBLIOGRÁFICAS

Ehrenreich, Barbara. *The Hearts of Men: American Dreams and the Flight from Commitment*. Garden City, N.Y.: Anchor Books, 1983.

Friedan, Betty. *The Feminine Mystique*. Nueva York: W. W. Norton & Co., Inc., 1963.

Goldstein, Marc, and Michael Feldberg. *The Vasectomy Book*. Los Angeles: J. P. Tarcher Inc., 1982.

Hite, Shere. *The Hite Report: A Nationwide Study of Female Sexuality*. Nueva York: Macmillan Publishing Co., Inc., 1976.

——*The Hite Report on Male Sexuality*. Nueva York: Alfred A. Knopf, 1981.

Kerr, Carmen. *Sex for Women Who Want to Have Fun and Loving Relationships with Equals*. Nueva York: Grove Press, Inc., 1977.

Morgenstern, Michael. *How to Make Love to a Woman*. Nueva York: Ballantine Books, 1983.

Penney, Alexandra. *How to Make Love to a Man*. Nueva York: Clarkson H. Potter, Inc., 1981.

Steiner, Claude. *The Other Side of Power*. New York: Grove Press, Inc., 1981. Edición en español: *El otro lado del poder*. Sevilla: Editorial Jeder, 2009.

——*Scripts People Live*. Nueva York: Grove Press, Inc., 1974. Edición en español: *Los guiones que vivimos*. Barcelona: Editorial Kairós, 1998.

——*Emotional Literacy*. New York: Avon Books, 1997. Edición en español: *Educación emocional*. Sevilla: Editorial Jeder, 2011.

——*The Heart of the Matter*. Pleasanton: TA Press, 2009. Edición en español: *El corazón del asunto*. Sevilla: Editorial Jeder, 2010.

ÍNDICE

Títulos Publicados por Jeder

EL OTRO LADO DEL PODER
Claude Steiner
ISBN: 9788493703257 · 268 Páginas

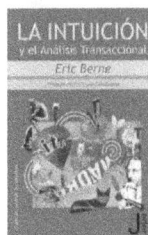

LA INTUICIÓN Y EL ANÁLISIS TRANSACCIONAL
Eric Berne
ISBN: 9788493703233 · 204 Páginas

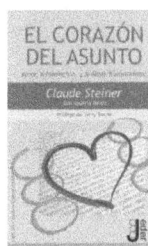

EL CORAZÓN DEL ASUNTO: AMOR, INFORMACIÓN Y ANÁLISIS TRANSACCIONAL
Claude Steiner
ISBN: 9788493703219 · 256 Páginas

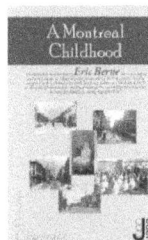

A MONTREAL CHILDHOOD
Eric Berne
ISBN: 9788493703240 · 180 Páginas
(Texto original en inglés)

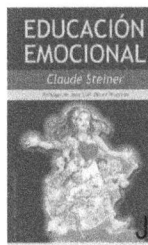

EDUCACIÓN EMOCIONAL
Claude Steiner
ISBN: 9788493703264 · 316 Páginas

www.ingramcontent.com/pod-product-compliance
Lightning Source LLC
Chambersburg PA
CBHW021100090426
42738CB00006B/429

* 9 7 8 8 4 9 3 7 0 3 2 7 1 *